JN085040

外食は
やっぱり
楽しい

先人たち13人の言葉

先人たち13人の言葉

外食は
やっぱり
楽しい

外食って苦しいけれど楽しいぞ、ということを教えてくれる本です

本書は、1970年代、1980年代の、外食が最も熱かった時代に、外食業の産業化を果たした経営者13人のインタビューをまとめたものである。

まったくの徒手空拳、たった一人でゼロから事業を起こしたのが、がんこフードサービス（創業者、以下同）の小嶋淳司さん、ジョイフルの穴見保雄さん、松屋フーズの瓦葺利夫さん、コメダの加藤太郎さん、サイゼリヤの正垣泰彦さん、フォーシーズの淺野秀則さん、ワタミの渡邉美樹さんの7人である。

すかいらーく創業者の横川竟さんは、4人兄弟で25万円ずつ持ち寄って事業を興した。リンガーハットの米濵和英さんは、長兄が興した事業を手伝う形で参画した。

物語コーポレーションの小林佳雄さんは、実質的な創業者であるが、母の事業を継承している。

KFCの大河原毅さんは、KFCの創業メンバーであるが、出資者は三菱商事であった。テンコーポレーション（てんや）の岩下善夫さんは、自ら出資もした創業者であるが、丸紅、日清製油に大部分の出資を仰いだ。

吉野家の安部修仁さんだけが、創業に参加していない。音楽家を目指して上京し、アルバイトとして吉野家に入り、そのまま社員になり、社長にまでなった人だ。

サラリーマン社長と言えなくもないが、彼の人生を追えば、そんな生易しい道を歩んだ人でないことが、すぐにわかる。

13人のインタビューを読むと、3つのキーワードが、外食の産業化を推進したことがわかる。その3つとは、「チェーン」「価格破壊」「郊外ロードサイド」である。

この3つを忠実に守って事業を拡大していったのが、穴見さんと正垣さんであるが、他の11人も重心の置き方に違いはあるものの、このキーワードを念頭に置いて、フォーマットを築き、多店化を進めていった。

小嶋さんはむしろ支店主義の創業者であるが、チェーン理論をしっかり頭に叩き込んで、チェーンとは違う道を歩み自らの支店主義に磨きをかけた。

瓦葺さんは「価値ある低価格がいちばん強い」という自説をどこまでも貫き通してきた人だ。それは、現在の松屋の価格戦略にも脈々と受け継がれている。

郊外ロードサイドの新しい市場が生まれていることにいち早く気がついたのが、穴見さん、横川さん、米濵さん、加藤さん、小林さんであったろう。

ひとつのフォーマットで、価格を武器に郊外ロードサイドを一気に攻める戦略が、外食市場の拡大を引っ張り続けたのである。

時代は大きく変わり、外食市場は成長が止まり、市場は細分化されていった。ひとつのフォーマットで1000店をつくる、というような時代ではなくなったのである。

この変化は、冷徹に直視していかなければならないが、市場の細分化にともない、外食の企業化の担い手が「小粒化」しているのが、私としてはどうにも気になる。

大きな目標に向かって突き進む、というひたむきさが、今の外食の若い経営者に感じられなくなっている。それがとっても心配だ。

大志を抱かない経営者が増えた。学ぶ心がなく、総じて場当たり的で、無手勝流だ。何よりも、人材を育てて、成長に耐えられる強い会社をつくろう、という気持ちがない。

小さな成功を得て、自分さえぜいたくができればいい、という自己中心的な人物が多い。

そして、ちょっとした壁にぶつかると、すぐに商売替えを考える。石にしがみついても、という一途《いちず》さがない。

13人の先人たちは、自分の経験を包み隠さず、赤裸々に語ってくれる。そしてそれが、平坦な道でないことを、失敗続きであったことを、教えてくれる。

うまくいくことよりも、うまくいかないことのほうが多いのだ、ということを、それぞれの語り方で語ってくれる。

13人の先人たちのほとんどが無一物から出発して、成功を手にしている。

外食業は、初期投資が小さくてすむから、参入しやすい。そして、おいしいものが手頃な価格で提供されていれば、そこそこの成功を得やすい。

というわけで、この世界に参入する人たちは、今も後を絶たない。

しかし、大事なのはその先である。

そこそこの成功を手に入れた後に、どのような大志を抱けるか。そしてその大志に向かって突き進めるか。あきらめない持続力を維持できるか。勝負はここからである。

13人の先人たちの創業期にも、そこそこの成功を手に入れて、それで満足してしまった人たちも少なくなかったはずである。

そういうそこそこの人たちが今はどうなったか。99％の人たちが、廃業しているはずである。そこそこの成功のままで生き残れることは、不可能なのだ。

生き残るためには、大志を抱かなければならない、ということだ。

私は、一人でも多くの外食経営者が、13人の言葉に発奮して、大志を抱いてほしい、と念じている。

また、壁にぶつかって、にっちもさっちもいかなくなったとき、もうやめようかと心が折れかかったときに、「まだ、あきらめるのは早いぞ」と言う13人の先人たちの言葉に励まされてほしい。

本書は苦難を乗り越えるためのノウハウ本ではない。苦難は間断なくやってくるものだ。でもそれを乗り越えるたびに、外食でなければ得られない無上の楽しさがあるぞ、ということを教えてくれる本である。何度も繰り返し読んでほしい。

『フードビズ』主幹　神山　泉

Contents

先人たちの言葉
—
01

商売で自ずと身に付いた三現主義。がんこは「1店主義」で地域に無くてはならない店にしてきた

がんこフードサービス会長

小嶋 淳司

1935年（昭和10年）生まれ。高校時代に家業を継ぎ、商売の面白さに目覚める。同志社大学卒業後、すし店の修業に入り、1963年（昭和38年）に4.5坪の店（大阪・十三）で創業。以後、がんこ寿司をはじめ和食を中心に関西を代表する飲食企業として成長させる。近年は、古い屋敷を店舗に活用するお屋敷シリーズも展開する。

商売の基本は「どこよりもいいものを、安く」。このことが、すとんと腹に落ちました

がんこフードサービスは、すし・和食を中心にとんかつ、そばうどんなどの複合業態を展開する関西を代表する和食の総合企業である。懐石料理も提供する和食職人の技術力を企業内に温存しながら、日常性やコバレの需要に応える商売を身上としてきた。小嶋淳司会長は、歩んできた56年にわたる飲食の道について、次のように振り返ってくれる。

もともと大食いで食いしん坊。それに商売が大好きなんです。

商売が好きになったのは、高校2年生のときに、家業を引き継いだ経験からです。坊主頭の青二才であろうが、結果さえ出せば商売の世界では一人前として評価される。そういう驚きと、喜びを感じました。

小嶋会長は、1935年（昭和10年）、田辺市に近い朝来《あっそ》（現和歌山県上富田町）という僻村でよろず屋を営む家の6人兄弟の末っ子として生まれた。父親は早世。よろ

ず屋を切り盛りして子育てをしてきた母親も病に倒れる。この店を引き継いだのが、まだ高校2年生の小嶋少年だ。商売人としての小嶋会長の原点は、そのときから大学入学までの6年間の、よろず屋店主としての営みにある。

母親は全部ひとりで店をやっていました。生活が第一義だったとはいえ、商売そのものの魅力を母も感じていたのでしょうね。「一番大変だったのは昭和初期の世界恐慌のとき、一番楽だったのは終戦直後の混乱期だった」という母親の話は忘れられません。世界恐慌は、デフレで仕入れ原価より翌日値が下がる、それでも売れない酷い時代。それに対して、終戦直後は周りの店も廃業しているし、代替品《だいたい》であろうと品物を揃えさえすればモノがないので売れた。「商売は売れることが一番大事、売れてくれればこのくらい楽なことはない」というのが母親の言葉です。

いわば根っからの商人であった母親の遺伝子を受け継いで、小嶋会長は、無我夢中で商いにまい進する。

情報もない、教えてくれる人もいない。ないない尽くしの中で教えてもらえるのはお客さましかありません。なぜうちに来てくれるのか、なぜそれを買ってくれるのか。お客さまが何を

創業の地、大阪十三はがんこフードサービスのマザーランド。今も本社をこの地に置いている。写真はがんこ十三総本店。

求めているのかを知るには、お客さまに直接聞くしかありません。中には機嫌をそこねる人もいますが、もがくような思いで尋ねているので、それに応えて教えてくれたり、態度で示したりしてくれたりしたのでしょうね。

今思うと、そういうことを通して、実際に現場で現物を観察して、現実を認識して解決をはかっていくという「三現主義」が、自然と身に付いていったのだと思います。

それとよろず屋の店主として、この店をやる値打ちがどこにあるのだろうか、ということも一生懸命に考えていました。私のやっている店があるから、お客さまの生活が少しでも便利で豊かになっている。それを実現できてはじめて、私が商売をやっている値打ちがあるだろう。そのためにはどうすればいいのか。

それと、2年ほどやっていて腹にすとんと落ちたのは、どこよりもいいものを、どこよりも安く販売するのが商売の基本やな、ということ。そこに愛想がいいとか、店がきれいというサブ的な要素が重なって繁盛につながっていくんだ、と理解できました。

がんこフードサービスのスローガンは『旨くて、安くて、楽しい』。「どこよりもいいものを、どこよりも安く」という商売の基本は、言葉は置き換わっても、今も変わらない。

話を戻そう。どこよりもいいものを安く提供するために、小嶋会長は、地元の問屋からの仕入れを、大阪の現金問屋に切り替える。それまでの掛けで仕入れて、掛けで売る商売から、現金で仕入れて、現金で売る、商売のやり方そのものの大転換である。

大阪の現金問屋にいくと、品物の質も数も、そして価格も、それまで仕入れていた地方の問屋とは比べ物になりませんでした。現金商売に切り替えよう。しかし、そのためには運転資金が必要です。そこで相談に行ったのが地元の興紀相互銀行(のちに阪和銀行)。そこの支店長は、じっくり話を聞いてくれて、「あんたは毎日一生懸命店をやっている」と言って、無担保で資金を貸してくれたのです。これは今思い出しても胸が熱くなります。

そして、支店長はなぜ資金を融資してくれたかを後で考えると、祖父や母が一生懸命に店を切り盛りしてきて、その上に私が新しい挑戦をしようとしている、本業主義で長い間商売をしてきたから、信用という財産がついてきたのだ、と教えられました。

それにしても、そのときの支店長は大英断だったと思います。後に私が店をやってからも自分のことのように喜んでくれて、何度も店にきてくれました。

仕入・販売方法を変えただけではない。
よろず屋時代、すでに小嶋会長は、産地開発にも乗り出している。

現金問屋に行く途中の関西線でみとったら、鼻緒を干している農家がありました。聞いてみると、問屋から頼まれて農家で染めをして鼻緒に仕立てている、と言うのです。それに倣《なら》ってやってみたら、専門店で132円くらいで売っているものを85円で売っても利益はちゃんと出るのですね。安く売りたいと利幅を狭めても限界がある。けれど、産地など仕入れルートそのものを開発すれば、自ずといいものを安く売れる、ということを学びました。

農家との契約栽培や漁場でのがんこブランド鯛の養殖など、がんこフードサービスでは産地直結の食材ルートをいくつも築き上げてきている。
たとえば、がんこ鯛。愛媛県の宇和島湾で日よけをしたり餌も選んで極力天然に近づけた生育環境で、しかも2年をかけて2キロに育てたものを使用している。
小嶋会長が少年期に培った商いの真髄が、今のがんこに脈々と受け継がれている。

業態の違う店で修業。不眠不休で10年の道のりを1年で通過する

2番めのお兄さんが帰郷したことで、小嶋会長は6年間務めた家業を離れ、より広い見地を得るために同志社大学経営学部に入学。大学は無事昭和37年（1962年）に卒業したが、起業を目指して、大阪、黒門市場の栄寿司に修業に入る。

丁稚《でっち》に入ったときは、28歳です。私の直接の上司は16歳。どんなに理不尽なことでも、言われたことは、何でもハイ、ハイと答えて必ずやりました。間違ったことを言ったと気がついたら、次からは改めてくれるだろう、と100％言う通りにしました。これが一番苦しかった。

なにしろ最低5年、ヘタをすると10年くらいかかる修業を、1周以上遅れてのスタートですので、最初から1年で終えて、創業すると決めていましたから、寝ている暇はありません。

午前3時頃の営業を終えてうとうとしていると、隣近所の魚屋が開店します。すぐに起きて、魚屋の手伝いにいくわけです。われわれの世界で水洗いと呼ぶ、ウロコやエラ、内臓をとったりする魚の下処理です。何もできないうちはジャマもの扱いですが、少し仕事ができるように

なると、彼らも楽をしたいので、あれやってくれ、これやってくれと、いろいろさせてくれるようになります。そうして魚の扱いを一から覚えていきました。

同じようにシャリ炊きも、当時はベテランの仕事ですが、こっそり隠れて手伝って炊かせてもらいました。

すしの握りや巻き簀《す》の扱いも店が終わって練習しました。仕事が終わって一杯やっている職人の前で、新聞をノリに見立てて、コンニャクを巻き芯にして練習するのです。シャリは、廃棄する残りもの。教えてくれるのではなく、職人はヘタくそな私の仕事を酒の肴に、おちょくったり、けなしたり、笑いものにするのですが、そんな言葉の中にも学ぶべき真実、コツのヒントがあるのですね。

黒門市場の栄寿司で8ヵ月働いたのちに、やはり大阪の鶴橋にあった同名の店で4ヵ月の修業を行う。黒門市場の店は、超高級店、それに対して、鶴橋の店は屋台で立ち食いスタイルの超繁盛店だった。

黒門の栄寿司は、当時の初任給が1万円の頃なのに、客単価は4000円もする店です。お客は、アイ・ジョージを専属歌手にかかえるクラブのホステスを3人も4人も連れてきたりします。あまりに普通の生活とはかけ離れた世界の店でしたね。

がんこフードサービス会長／小嶋 淳司

鶴橋の栄寿司は、庇《ひさし》の下に屋台があって、立ち食いをさせる大衆的な店です。鶴橋だけでも、そういう店が十数店ありましたが、飛び切りの人気店でした。修業中は給金のすべてを投じて、毎日すしを食べ歩くことを課題にしていて、よくこの店で食べていたので、頼み込んで入らせてもらったわけです。

この店は店主の弟さんが切り盛りしていたけど、教えて欲しいすしの握りはまったく教えてくれない。その代わり自分が食事に行くときには、小嶋、やっとけよ、と任せてくれましたので、そこで見様見真似の技術ですしを握って出していました。

この店で勉強になったのはその握りと接客、そして仕入れです。別の店をやっている店主が明け方帰ってきて、市場に買い出しに行く音を聞き付けたら飛び起きて、付いていくのです。市場では、魚の目利きを教えてくれました。といっても、この鯛はどういいのか悪いのか、自分で、それを鯛に聞け、というもの。それでも毎日付いて歩いて魚の顔を見続けていると、良し悪しや産地がだんだんとわかるようになってきます。

時々、店主は私を起こさないよう、そうっと出かけてしまうことがありましたよ。私の体力が限界だ、と気遣《きづか》ってくれてのことです。この方は、私が店をはじめたときには、自分の店を若い衆に任せて、1ヵ月手伝いに来てくれました。祝いに花を贈ったりするのは簡単だけど、一番欲しいものはこれだろう、と自ら応援に駆け付けてくれたのです。ありがたいことでした。

励みになった「ローカルにしかできないこと」がある、という言葉

大学を卒業して1年間、小嶋会長は寝ずの修業を重ねて、独立開業にこぎつける。それにしても、なぜ飲食店、しかもすし店を小嶋会長は選んだのだろうか。

日ハムの前身、徳島ハムも見学に行ったけど、食品加工業は大きな資本が必要で、とても起業できない世界だと知りました。天神橋筋に店を構えたばかりのニチイには感銘を受けました。当時の衣料品は、よそ行きのものばかりをガラスケースに陳列しているのに、ニチイは肌着などの日常使う衣類を裸陳列している。革新的でした。でも、この世界は私が資本もなくてモタモタしているうちに、どこかほかも参入して間に合わなくなるだろうと見切りました。

大学時代にいろいろ研究しながら取捨選択していくと、当時一番遅れていた業界として飲食業がありました。ほとんどの店が小資本の三ちゃん経営、それでいてどんな田舎に行ってもすし屋の1軒や2軒はある。社会的なニーズと営業形態のギャップが大きく、それを埋めるときが近い将来必ず来るだろう。しかもその方向に向かってエンジンがかかるのには、衣料の世界よりは時間がかかりそうだ。一文無しの私が遅ればせながら参入しても、チャンスがある。努

がんこフードサービス会長／小嶋 淳司

力すれば前に行ける世界だ、と確信しました。

飲食の基礎知識を得るために、50店の実態調査を学生時代にしました。まったく飲食の情報がない時代です。街を歩き、店に張り付き、客数を調べ、売り上げを予測し、市場に行って原価を見積もる。電灯や使用人の数で、水光熱費や人件費を予測し、家計簿的な損益計算書を、それぞれつくってみました。そうやって業界を調べていくと、すし店の収益性の高さがわかってきました。高級イメージがあり、お客を引き付ける力もある。ならすし店をやろう。

1963年（昭和38年）、大阪・十三で念願の起業を果たす。わずか4・5坪の店に押し寄せるお客は入りきらない。お客が店外にあふれ出て、外の丸テーブルで肩を寄せ合ってすしを頬張る光景は、十三の毎夜の日常的な景色となった。この店で実に月350万円を売り上げた。

梅田のように通勤のお客が店前に多く通る立地ではないけれど、十三は、何か食べようというお客がどこからともなく集まってくる、そんな場所。この地を選んで本当によかったと思う。わが社のマザーランドです。

1年の寝ずの修業でお客さまに何とかお出ししてもいいと思えるくらいの腕にはなったけれど、繁盛したのは、「いいものを安く」の基本理念を徹底したからです。

修業先の黒門栄寿司とほぼ変わらない魚を使って、値段は10分の1くらい。食べ物は食べることでエネルギーを蓄えるという要素を持つけれど、すしという食べ物にはそうした力が感じにくい。だからパワーを感じられるように、シャリからネタがはみ出るようにとにかく大きく切り付けました。それを3貫で25円くらいで売るわけでしょう。お客さま、最初は1貫の値段と思って1皿だということを信用してくれませんでした。

私はもともと、そこで働いている自分たちが稼いだお金で食べてああよかった、と実感を持てる店をつくりたかった。黒門栄寿司のような、働いていることが実感できないものを売ってもしょうがないと思っていました。

開業1年ほどして近くにほぼ30坪の格好の物件がでる。繁盛しているとはいえ資金力はまだまだ脆弱《ぜいじゃく》な駆け出しの会社である。大家を拝み倒して保証金は5年後払い、地元の信用金庫から無担保の開業資金の融資も受けられたという幸運にも恵まれ、1965年（昭和40年）に2号店をオープン。106席の大型すし店として評判を呼び、初期のがんこの礎を築く店舗として、ここも大繁盛させている。

時代は高度成長を背景に、外食にも産業化のうねりが押し寄せてくる。その象徴的なイベントが1970年（昭和45年）の大阪万博である。

がんこフードサービス会長／小嶋 淳司

万博のアメリカ館のレストラン（ロイヤルが運営）で1日中、大行列が途切れない。しかし商品はスムーズに出続けている。何故だろうと調べてみると、セントラルキッチン方式だったのですね。なるほど和食といえども、これは取り入れなければならない。セントラルキッチンは、合理化のためという側面もあるけれど、店ごとのバラつきを防ぐことに効果を発揮しています。

チェーンストアの勉強もしましたよ。標準化をしていかなければならないとは思うけれど、なんでも規格化していくことは嫌でした。アメリカで見学したサンボというコーヒーショップチェーンの工場では、50トンプレスで冷凍肉の塊《かたまり》を圧縮して、それを規格の大きさに電動ノコギリで切っていました。標準化とはここまで行くのか、でもこれは私の目指す方向ではないな、と感じました。

1981年オープンの難波本店。複数業態を多層階で営業する基本型が完成した。ねじり鉢巻きは小嶋会長の創業当時からのトレードマークだ。

がんこはプロの調理人を大切にしてきましたし、1店主義を重視してきました。チェーン店のように組織として成り立つだけではなく、1店1店が独立してもやっていける経営の在り方です。個店としても、お客さまとの接点を大切にしたり、商品の手づくり部分を残したりして、特徴を出していく。そうすれば、組織がバックになくても1店でも成り立つ。でも、これは周りの小さな店がすべてライバル。これは大変なことです。でも大変でなければ努力をしませんから、お互いに切磋琢磨《せっさたくま》していけばいい。

実は小嶋会長はチェーン路線で多店化に走った経験も持つ。スーパー内などにすしのテイクアウト専門店を26店まで展開していた。

がんことは別会社でやっていて利益は出ていましたが、最終的には一緒にやっていた人に引き取ってもらいました。スカウトした人は優秀でロマンもある人たちでしたが、お客さまに対する基本的な姿勢や経営管理の手法などで、私の考えとは違っていました。能力はあるけれど商売の経験がない。私とは発想の原点が異なりました。

今でも小型店を単品主義で標準化して運営していく経営手法自体は、間違っていないと思います。しかしこれでは、同質競争の中で勝つか負けるかですから、日本に1社か2社しか残らなくなります。コンビニやスーパーがいい例でしょう。

記憶に残る言葉があります。あれだけチェーンのスーパーが席捲《せっけん》しているアメリカのニューヨーク郊外で頑張っているローカルチェーンのスーパーの方が、「私たちはナショナルチェーンができないことを、この地方でやっている。ナショナルチェーンだからできなくて、われわれにできることがある」と胸を張るのです。励みになりましたね。

がんこフードサービス会長／小嶋 淳司

時代に応えながら、守ものは守る。マザーランドを大切にしたい

がんこフードサービスの年商は230億円（2016年グループ連結）、総店舗数は100店になる。すし、和食を中心とする多業態展開を行いながら、時代に対応する業種・業態をつくり出してきた。そんな中で、1990年からはじめた文化財的な家屋敷と庭園を保存しながら店舗として運営する「屋敷シリーズ」は、すでに9ヵ所を数える。和食をベースとする商品と接客を 総合的に提供できるがんこならではの仕事である。

時代が求めている業態だという確信があったか、と聞かれても、そんな大げさなものではないですよ。お庭があって、江戸初期からの太い柱、梁《はり》のあるこんな建物で和食が楽しめたらいいだろう、とはじめて平野郷屋敷（大阪・平野区）を見たときに思いましたね。周りは田んぼだらけで人も通らない。社内では全員が反対、ひとつくらい道楽で社長にやらしてもいいか、という感じで開店しました。

造りが造りなので高い店と思われないように、うどんも入れました。

東京の新宿山野愛子邸は、京都の高瀬川二条苑や京都亀岡楽々荘ほど豪壮な建物ではないけれど、ビル街の真ん中の安らぎの場として評価されています。公務員の倫理規程内に収まる価格なので、お役人さんの利用も多いですよ。

相続できずに壊されていく屋敷を保存していきたい。屋敷の運営は他の店と違って配送センターから離れた場所でもできますので、名古屋でも福岡でもいい物件があればこれからも出していきたいですね。

よくマスコミやアナリストから上場しないのか、と聞かれますよ。上場って、面倒でしょう。上場しよったら、屋敷での商いなどできません。売り場は２００坪から３００坪、それに対して手間暇のかかる庭が１０００坪とかです。誰が考えても理屈に合いません。

他方、時代に適応する経営戦略も、俊敏に繰り出している。新しく打ち出した方向性は、回転ずしの展開である。人手不足と人件費高騰という波をどのように乗り切るのか。それに対応しながら、将来の成長も見据える戦略である。

回転ずしといっても、すし屋の原点にこだわった立ちのすし店です。回転レーンと特急レーンの機能を活用して、人手不足に対応して人件費を抑えてます。その分だけ、粗利益率を下げることができます。原価をかける発想は、４坪半で創業したときと同じ考え方です。回転ずし

古い家屋敷、庭園を店舗として活用しながら保存する。江戸初期の建物を活用した平野郷屋敷がその1号店だ。

の機能を使って、きちんとしたすしの専門店を出す。でも100店も200店も考えてはいません。まず30店と言っています。

2018年8月1日、長男の小嶋達典氏が同社の社長に就任した。事業の承継をほぼ完了したものの、小嶋会長は、自店で毎日、食事をとりながら店を見続ける三現主義の生活を変えようとはしない。マザーランドとして大切にする十三の商店街の理事会にも必ず出席する。

私、本籍を1号店の住所に移しています。そこにこそ私のアイデンティティがありますから。時代の変化に対して変わっていくことは必要ですが、変えてはいけないこともはっきりさせることが大切です。誰でもが来てもらえる店であること、これは変えてはいけません。社員にも地域の人にも無くてはならない会社にしていきたい、という思いでこれまでやってきました。大阪外食産業協会の発起人として活動を続けてきたのも、そうした気持ちです。外食業界の社会的な地位はまだ高くはありません。そんな中で「食博」をやっている業界か、と段々と認められるようになってきました。
　高校2年のときから70年近く商売をやってきて、まだまだ中途半端だったという反省はあるけれども、あきらめなければ95％の不可能を、95％の可能性に変えることができる、としみじみ思います。

（2019年7月31日）

先人たちの言葉
02

ジョイフル創業者・
アメイズ会長
穴見 保雄

外食業もホテルも成功の要諦は、「シンプルにして、やることを限定して、ブレないこと」。これに尽きます

1935年（昭和10年）生まれ。大分県佐伯市で焼肉店で創業し、1979年にファミリーレストラン「ジョイフル」を開発。1993年には福証へ上場を果たし、全国チェーン、ジョイフルの基盤を築いた。2003年にジョイフルを長男穴見陽一氏に託し、自身はホテル業に転じる。格安ビジネスホテル「ホテルAZ」チェーンを展開するアメイズを、2013年、福証に上場させる。一人で2業態での株式を上場させた異能の士だが、その経営信条は、価格至上主義。ジョイフルにもホテルAZにも、これが貫かれている。

ロイヤルホスト、すかいらーくが出てきても、売り上げは130％になった

低価格レストラン、ジョイフルの生みの親である。

ジョイフルの1号店開店は、1979年（昭和54年）2月（萩原店、大分市）であるが、その前に穴見保雄氏は、焼肉店を多店化している。大分県佐伯《さいき》市で繁盛店を生み、その後大分市にも進出した。ジョイフルの九州でのチェーン化の初期、宮崎で、すかいらーく、ロイヤルホストと激突する局面があった。売り上げの大幅下落を覚悟したが、売り上げは下がるどころか、3割伸びた。

価格が安かったからである。そのときに穴見氏は、価格の力を思い知ったのである。

もともと燃料店をやっていたんですが、それが時代の流れでダメになった。

それから、大分の佐伯市で小さな焼肉店をしよって、これがようけはやったんです。

そのときに、取引きをしていた食肉屋の社長に、「それだけ売れるんだったら、大分に出てこんか」言われましてね。

よし、ということで、大分に出まして、これまた当たりましてね。焼肉が6～7店になりま

したかな、儲かってはいましたが、このままでいいんか、という疑問にぶつかりましてね。当時『月刊食堂』を愛読していましたから、渥美（俊一）先生の名前は知っていた。

それで渥美先生の主宰する日本リテイリングセンターのセミナーを受けに行った。

そこで、武川（淑《よしお》）先生のお話を聞いて、この人だ、この人の指導を受けよう、と心に決めたのです。

ジョイフルの創業は大分県佐伯市。ファミリーレストランに乗り出す前は、焼肉園という焼肉の超繁盛チェーンを展開した。

35歳くらいかな。もう50年も前になります。

——そもそも焼肉店をはじめられた理由は。

料理をつくりきらんわけやから、技術の要るものはやれない。焼肉しかできなかった。

それがボツボツ増えてはいきましたが、チェーンという言葉もよう知りませんでしたから、気がついたら増えていたというだけのことです。

武川先生のお話を聞くちょっと前に、フレンドリーの斎藤（忠男）さんという人を食肉屋のおやじに紹介されました。

——斎藤さん、亡くなられました。

斎藤さん、肉の仕入れに大分に来ちょったんやね。

えっ、亡くなった！そうですか。ずいぶんお世話になった。その斎藤さんが、あとでフレンドリーの重里（善四郎）社長を連れてこられて、重里社長とも親しくなりました。

――フレンドリーは、そのときはもうファミリーレストラン（FR）をやっていましたね。

そう。で、斎藤さんにいろいろと教えてもらって生まれたのが、ジョイフル1号店でした。見よう見まねでファミリーレストランのメニュー、ハンバーグやら何やらを入れて、それだけじゃこわいから、焼肉も併設したのです。

その前に、ロイヤルホストが北九州の黒崎で、焼肉併設の店をやっていて、ようけはやっていました。

――フランチャイズの店でしたね。

そうそう。

ところが開店してみると、焼肉はちょっとも売れへんで、ハンバーグやら何やら、FRのメニューばかりが売れよった。

時代もよかったんだね、大繁盛しました。

――価格は。

私が決めた。他社と比較するということはなかったけれども、よそよりだいぶ安かったんだね。

よそと比べたというのは、7号店だったか8号店だったか、宮崎県では最初に都城に出して、次に宮崎に出したんです。

その宮崎の店から歩いて5分くらいのところに、ロイヤルホストとすかいらーくが出てきました。

少なくとも20％前後は落ちるだろうと覚悟しておったわけですけれども、その店は結果的には130％に伸びた。

そのときにはじめてよそさんの価格を見て、うちのほうが断然安い、と思い知った。

あのときが、転機やったね。

――転機というと。

価格が絶対だということ。それまではっきりとは意識していなかったけれども、あのときわかったんです。

これも後で知ったことなんですが、ロイヤルは、ハンバーグの価格がグラム1円なんです。うちはというと、自分ところでつくりますから、グラム50銭。半額です。

原価が半額ならば、安く売れますよ。だから、自分のところでつくらなければあかん、それもそのとき思い知った。

――CKは最初から持っていたのですね。

CK言うほど大げさなこともないけれども、CKづくりについても斎藤さんがいろいろと教えてくれました。

町の皆さんに支持される店だから、24時間営業は続けるべき

1993年6月には、福岡証券取引所に株式を上場した。1号店開店から13年半後である。そして2年半後の95年12月には、100号店に到達している。300店に到達した段階で、穴見氏は全国を8つのエリアに分け、分社化し、それぞれのエリアで波状的に出店を進めていく形に変えた。そのほうが1000店に到達する時間が早まる、という考えからであった。しかしそれは長続きせず、再び中央集権型の経営体に戻ってしまった。

ぼくの商売の原点は、1分の人件費がなんぼ、1グラムの原材料費がなんぼ、と分単位、グラム単位で考えるところにある。

もともと、飲食はまったくの素人ですから、数字でとらえておかんとこわいんです。ふつうは、お客さんをどうやって増やそうか、と外に向かいますな。ぼくは営業に向かわないんです。内へ内へです。管理に向かう。

――以前、FRの強さはグリドル（鉄板）だ、と穴見さんはおっしゃった。

グリドルですべての料理ができてしまう。それが強さなんだ、と教えられました。

アメリカ見てもそうでしょ。鉄板とフライヤーしかないでしょ。

そこが強さなのに、そこからはずれるメニューばかりを増やしよる。いまのジョイフルもそうです。

価格は高いし、メニューが多すぎます。

――息子さん（穴見陽一氏）や社長（穴見くるみ氏）の、相談に乗るということはないのですか。

ないね。

よそとの競争対策ばかりやって、いろいろと手を出しよるから、どんどんＦＲの原点から離れていってしまう。

ジョイフルがジョイフルでなくなっていってしまう。

原点は、価格が安くてメニューが絞られていること、これに尽きます。

――穴見さんは、24時間営業にもこだわり続けましたが、深夜のお客はどこも減る一方だし、難しくなっているのではないですか。

ある程度閉める店があってもしかたがないとも思うけれども、お客さんのためには、24時間はやり続けるべきだと思う。

よそがやっていないから、ジョイフルの24時間に価値が出るわけだから、基本はやり続けなければいけないと思う。

――時代遅れと言われようとも…。

時代遅れのどこが悪いのか。

時代に合わせてコロコロ変わるから、自分というものを失ってしまう。

それにね、24時間やめても、閉店作業、開店作業があるから、人件費は下がりません。

――壁に、武川先生の写真が飾られていますが、前の写真と違っていますね。

だんだんぼやけてきたから、リテイリングセンターに頼んで、これを送ってもらったんだ。（顔が）はっきりしておるでしょ。

――武川先生から学んだことは。

全部です。やさしいいい先生やった。

――とくに、いちばん学んだことは。

ぼくは、戦中戦後のはざまにいて、中学校もちゃんと出ていないんです。あるとき、「先生、株式上場は難しいんですか。私でもできますか」って質問したら、「難しいことはありませんよ。できますよ」と言ってくださった。

そうですか、できるんですか、と。

――そこで奮《ふる》い立った。

そうです。そこで生き方が変わった。ジョイフルに集中して、アパート経営なんかもしていたのですけれど、全部やめた。

時間はいくらあっても足らない、人材は揃えなければならないし、工場はつくらなければならないし、ほかのことなんか、やっていられません。

上場という目標ができたので、そこへ向かって突き進みました。

上場できたのも、武川先生のおかげですよ。

――全国を8つのエリアに分けて、それぞれ分社化して、一気に1000店チェーンを目指したことがありましたね。

３００店になったときにね。一気に全国チェーンにしようと思ったのです。

ところが、息子のほうは、当時岡山でやっていたのですが、岡山に集中したいと。

――結局、全国化計画は頓挫《とんざ》しましたよね。

でも、東京以外は失敗していないのです。東京だけがうまくいっていなかった。

あのままやっていたら、今頃１０００店は突破していますよ。

――トップは全員スカウトでしたよね。

ぜんぜん違う業種の人が多かったけれども、皆経営に携わった経験のある人ばかりです。

サラリーマンから上がってきて、部長をやっていても、会社の経営はできませんからね。

離れているところで独立した会社としてやっていくのだから、経営の経験がなければできません。

あれをやめたのは、大失敗だと思っている。これから芽を吹こうというときに、ぜんぶ吸収してしまったのですから。もったいない。

よそがやり切れないことをやり続けるのが、ジョイフルなのです

――以前お会いしたときにも、出店力をキープして、成長し続けなければ意味はない、とおっしゃっていました。不振店をどんどん閉めて、利益が確保できても、成長できていないんだから、意味がないと。

ぼくはほとんど撤退していない。

斎藤さんのアイデアで、大分の駅裏にメキシカンみたいな店を出したことがあって、あれはさすがに閉めた。こりゃあかん、とすぐにわかりましたから。

人吉市（熊本県）に店を出したときには、開店して4ヵ月かな5ヵ月かな、そのくらいで九州自動車道が開通してしまって、（店前の道路に）車がぜんぜん走らなくなってしまった。ダーンと落ちて、月商500万円くらいになってしまいました。

――ふつうは閉めますよね。

ぼくは閉めなかった。

そうすると、毎月少しずつ上がってきたのです。地域の人にとっては、やっぱり必要なんです。24時間やっている店が、町にひとつはあったほうがいいでしょ。貴重な存在やね。儲かる店もあって、儲からない店もあるんです。それぞれの店が、地域に根づいてね。少しずつお客さんを増やしていく。ジョイフルはそういう店でなければいけないんです。

――最近ジョイフルは、（大分の）町中にジョイフルエクスプレスという店を出しました。それと、定食の喜楽やや並木街珈琲など、多業態化していますね。

並木街珈琲は、よう流行っている。

でも、コーヒーが４００円、牛フィレステーキのセットが１５００円くらいかな。何とかケーキ…

――パンケーキですか。

それが、６８０円くらいから。

メニューを限定しているのはいいけれども、高いですわな。本当は、うん、やっちゃいけないですね。ジョイフルのやる仕事ではないな。

萩原店（大分市）で1979年に産声をあげたジョイフル。この地では、建て替えられた店舗で現在も営業中だ。

ジョイフルというのは、程がいいじゃありませんか。だから、地域の皆さんがいろいろな機会で使ってくださる。

よそがやりきれないことをやる、それをやり続けるというのが、ジョイフルの特徴なんだから、そこがブレてはいけない。

ホテルAZも、全員ド素人ではじめたから、成功した

ジョイフルが別府の老舗ホテル、亀の井ホテルを買収したのが、1994年。

重厚長大時代の遺物のようなホテルで、経営が大きく傾いていた。

ホテル業にはまったくの素人であった穴見氏であったが、亀の井ホテルの立て直しを断念。独力で格安ホテル、ホテルAZを開発し、強力なチェーン化を開始した。

2013年3月に、社名をアメイズに変更し、同年8月には、ジョイフルに続いてアメイズも、福岡証券取引所に上場を果たした。

ホテルAZは、78店。強い出店力に支えられて売上高、利益ともに順調に伸ばし、2019年11月期の売上高は148・4億円、経常利益は32・6億円、という超高収

益会社である。家賃の低い立地に出店し、ペイラインを下げ、低価格を実現する、という戦略は、まさにジョイフルそのものである。

「ジョイフル、アメイズともに、素人だから成功した」と、穴見氏は語る。


――最初は、別府の亀の井ホテルを買収したんですよね。


もう売りましたがね。亀の井は社長付きで買うたんですが、宴会場つくったり、結婚式場つくったり、金のかかることばかりしよった。

何よりもいかんかったのは、部屋のサイズがバラバラのことね。規格がないんです。こんなものやっていても、数が増やせない。


――それで、ホテルＡＺをはじめた。


そうです。チェーン化できるものをやらなければ、僕がやる意味がない。

値段は４８００円。３８００円でやろうかとも思ったんですが、同業の人への影響が大きいからね、４８００円にしました。うちのカード会員になると、４５００円で泊れます。

それで、朝食も夕食もバイキングで、朝食は価格に入っています。で、夕食は９００円。夜は飲み放題があって、やはり９００円です。

ホテルのサイズはいろいろあって、大きいのは５１３室あります。それが３店、その下が３５０室、その下が２５０室、さらに２００室というのもあります。今、１６０室というのも、

九州地区で400店超、全国で800店に迫ったジョイフル。コロナ禍で縮小を余儀なくされたものの、小商圏、高頻度利用、低損益の営業で、出店力の高いフォーマットだ。

つくっています。

——全くの素人からはじめて、よく軌道に乗せられましたね。

最初はコンサルタント会社にいろいろ教えてもろうたけれども、基本はジョイフルと同じですわ。価格はどこも同じ、「朝食付きで4800円」というのが、看板ですわな。

——チェーンでも、立地によっては価格を変えているところもありますね。

僕は面倒くさいことは、ようしようらんから、どこも同じで通しています。

——最初からすぐに軌道に乗ったのですか。

1年くらいはダメやった。

——理由は。

お客さんが来ない（笑い）。

僕を含めて全員ド素人ですからね。どうやってお客さんを呼ぶのか、その方法がわからんかった。

プロを入れなきゃダメと言われましたけれど、その考えはぜんぜんなかった。

素人だから強い、ということがあるんです。業界の常識がまかり通るようなホテルチェーンにはしたくなかった。

でもやっているうちに、だんだんお客さんも増えてきたのですよ。

——やはり価格力ですか。

そうだね。

ホテル業は飲食で儲けようとしてはダメ

——中にはえらい辺ぴなところにあるホテルもありますね。

東横インさんは、駅前立地にこだわりますね。そうするとどうしても家賃が高くなりますし、その分社員を働かせなきゃあかん。

うちは家賃が低いから、お客さんが少なくてもやっていける。

——ジョイフルと同じですね。損益分岐点が低い。

そこが大事なんです。

さらにホテルは、多少辺ぴな場所でも、一回使うてくだされば、安くて居住性があって、価値ある朝食が付くとなれば、また使うてくれるんです。

だから、食事で利益を出そうとするな、と言い続けてきました。夕食も原価率100%でいいんです。ホテルのお客さんを増やすのが飲食の役割なのだから、そこで儲けようとしたらあかんです。

そこんところの価値も、認められているんじゃないかな。

——外食業をなさって、次にホテル業をなさって、どっちが難しいですか。

ホテルは簡単よ。工場つくる必要もないし、人の教育、訓練だってシンプルだし、商品開発も要らないし、外食のほうがはるかに複雑でやることが多い。

外食は、なかなか生産性も上がらないし、原価もかかる。

ホテルは、箱をどんどんつくっていけばいいんだから、まあ楽です。

——シンプルに割り切ったところが、穴見さんがホテルで成功された要因ですね。

原価がない商売だから、ようわからんのですわ。いろいろと考えすぎると、これほど難しいビジネスもない。

——さっきは楽だと…。

そう。そやけど、それはこっちがやることを限定しているから。

でも、ホテル業ほどつかみどころのないビジネスはないね。いろんな考え方、やり方がある。

穴見氏は2003年にホテル業に転じる。2013年には、朝食付き4800円のAZホテルで、福証へ上場を果たす。

それにこだわりはじめたら、際限がない。

そういう点では、アメリカのチェーンなんかは、しっかりしていると思うのですけれど、日本はまだ夜明け前じゃないですか。

だから、私のようなド素人が入っていって、これだけの店をつくって、たいしたことをせんでも、上場を果たせた。

――簡単に宿泊の市場を穴見さんに取られてしまう。

われわれに食い荒らされてしまう市場ということですから、プロのホテル屋さんがダメ、ということですね。

――プロを入れなかったらできたわけですね。

素人の発想です。シンプルにして、やることを限定して、どこまで行ってもブレないこと。これに尽きます。

（2019年7月31日）

先人たちの言葉

―

03

すかいらーくでできなかったことを
ジョナサンで実現した。
ジョナサンでやり切れなかったことを、
今、高倉町珈琲でやっている

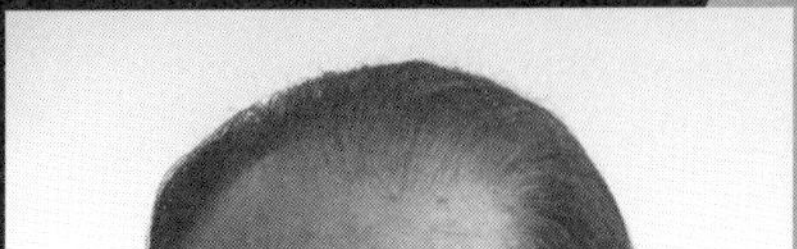

すかいらーく創業者・
高倉町珈琲会長

横川 竟

1937年（昭和12年）生まれ。最盛期4400店以上のテーブルサービスレストランを展開したすかいらーく創業者のひとり。スーパーから外食に転じ、1970年7月にすかいらーく国立店をオープンし、日本の外食産業史の扉を開ける。他社を圧倒するセントラルキッチンや物流システムなど、すかいらーくグループの現在の根幹を築き上げた。1980年８月にジョナサンの社長に就任。安全な食材にこだわる良質なチェーンをつくり上げた。2008年8月にすかいらーく社長を解任されたあと、2013年6月に高倉町珈琲を75歳にして立ち上げ、新しい外食の価値づくりに邁進する。

「まずくなければいい」という
渥美理論に猛反撥した

4人兄弟がひとり25万円ずつ持ち寄って、西武池袋線ひばりヶ丘駅近くに小さな食料品店「ことぶき食品」を開店したのが、1962年（昭和37年）4月のことだった。東京オリンピックが開かれる2年半前のことだ。鮮度、塩分、量、お客の求めるものにぴったり合った食品を揃えたこと、お客の小さな要望をも聞き逃さず、その要望に応える品揃えをしていったことで、小さいながらも大繁盛。地域になくてはならない店になった。もとより、1店の繁盛店で終わるつもりはなかったから、厳しい資金繰りを乗り超えて、多店化を進めていった。ことぶき食品は、三多摩地区に最大6店の店数を持つまでになった。

左から末弟の横川紀夫氏、次兄の茅野亮氏、長兄の横川端氏、そして竟氏。意見のぶつかり合いはあったが、結束力は固かった。

しかし、ダイエーが首都圏進出を宣言し、イトーヨーカドー、西友などが、同一エリアに積極的に出店してきた。とくに、西友の集中出店は猛烈であった。「ことぶき食品」のジリ貧は目に見えている。「このまま食品スーパーをやっていても、とても日本一にはなれない」ということで、ビジネスを替えることを決意。産業化が進んでいない遅れた領域である外食業をやることに決めた。しかし、外食業の「何」をやるかについては、４人の意見は真っ二つに分かれたのである。

まず、日本一になりたいという気持がありました。実は何でもよかったのです。日本一になれれば。

食品スーパーも、そこそこ利益は出ていました。地域のローカルスーパーとしては、生き残れたと思います。

しかしもっと上に、ダイエー、イトーヨーカドー、西友がいるわけですよ。彼らを抜いて日本一になることは、とても無理です。

要するに、人と金がないからやめたのです。

――日本一になれれば、何でもよかった。それで何で外食という道を選んだのですか。

ひとつは遅れている業界だったということ。もちろん企業化している飲食業もありましたが、まだ一番になれるチャンスがある。

それともうひとつは、私が築地の伊勢龍という食品問屋で商売を学んで、それでことぶき食品が生まれた。だから食品関係に進むというのが、自然の流れですよね。

食品でやってきたのだから食品で行こうよ、と僕が言い出して、それで、外食業に行き着いたのです。

――郊外型のファミリーレストランをやろう、ということも、スムーズに決まったのですか。

いや、とんでもない。兄弟4人の意見が真っ二つに分かれました。

長兄（横川端《ただし》氏）と私はレストラン派、茅野（亮《たすく》氏、次兄）と弟（横川紀夫氏）は、ファストフード（ＦＦＳ）派。

茅野はとくに、渥美（俊一）先生（日本リテイリングセンター主宰）の影響下にあって、常日頃から渥美先生にＦＦＳでしか大きくなれない、と強く言われていました。

それで、外食業で行くと決まってからも、スパゲティ（ＦＦＳ）の開発に力を入れたりしていたのですが、ものになりませんでした。

その前に、マクドナルドをやろうという話もあって、この話を武川（淑《よしお》）先生（日本リテイリングセンター）に話をしたところ「権利を買うのに3億円は必要」と言われて、断念しました。

そんなお金、どこを探してもありませんからね。

――それで、横川竟（以下竟）さんが主張した郊外ファミリーレストランに落ち着

いた。

渥美先生は大反対し続けていました。「やめなさい」と。渥美先生は、アメリカにないものは成功しない、という考えでしたからね。

――コーヒーショップチェーンはありました。

僕はコーヒーショップをつくるつもりなんかなかった。あくまでもランチ＆ディナーのレストランです。

都市ホテルのレストランと比べてもひけをとらない、価値の高いメニューを気軽に家族で食べてもらえる、居心地が良くて楽しいレストランです。

渥美先生は激怒して、茅野に「もう、あいつは連れて来るな」と言ったらしい。「望むところだ」と思って、僕も足を向けなくなった。渥美先生の言うことを聞いていたら、すかいらーくも失敗していましたよ。そういう外食企業、いっぱいあるでしょ。

とくに僕が渥美先生に反発したのは、「味はそこそこでいい」「まずくなければいい」という考えです。

僕は商品の質が高いこと、そのことによってお客さまに喜ばれること、これが商売のベースだと思っていましたから、何を言ってるんだ、と思っていた。

その後の外食チェーンに及ぼした影響を考えると、あの言葉はとても罪が深いと思う。

吉野家の松田氏に「4万円しか売れない」と言われた

——すかいらーくは、郊外ロードサイドを戦略的に攻めた最初のチェーンですね。この立地に目をつけた理由は。

いや、売り物がよければ立地は関係ない、というのが、僕の基本的な考えです。日本に1店しかなかったら、いい店ならば九州からでも来るでしょ。

昔は店なんかなかったでしょ。皆行商だった。それでも売り物がよかったから売れた。店を構えて商売をする時代になってから、せいぜい350年くらいしか経っていないのです。今また、Eコマースの時代に入って、立地なんか関係ない、店なんか無くていい、という時代に入っているじゃありませんか。

——でも、どこで商売をやるかということは、成否を決める上で大事なポイントではなかったですか。

商品がよければどこでも売れる、というのが基本にあって、その次に、それではどういう立地に出すか、がテーマとしてあがるのです。

その立地ですが、アメリカのチェーンの立地戦略に忠実に従いました。高速道路を下りて、住宅エリアに入る入口の角、ということが頭にあって、国立（東京）付近でそういう角地を探しまわったのです。

でもいちばんいいポイントは、ガソリンスタンドがあるからそこはダメ、それでは次善の立地はどこかどこか、と探し当てたところが、麦畑だったのです。

立地はどこでもいいという信念と、それでも立地は大事という考えが一緒になっただけのことです。

それから、食品スーパーをやっていたときから、ドミナントがいかに大事かということは、骨身に沁《し》みていましたから、ドミナント化するためには、郊外ロードサイドしかない。

――しかし、日本では前例がない。そういう立地で商売するということに、こわさはなかったのですか。

でももう買っちゃったから、やるより他はない。

――土地、買っちゃったんですか。

当時は貸してなんてくれません。リースバック方式というものも、すかいらーくがはじめたものですが、それはだいぶ経ってから開発した方法ですからね。最初は買うしかなかった。だから僕ら4人は、1人1億円ずつの生命保険に入ることを条件に、農協から3000万円借りて、それで買ったのです。

――成算はあったのですか。

なかった。なかったけれども夢があったから、妙な自信みたいなものは、ありました。

茅野は心配して、当時、渥美先生のセミナーで親しくなった吉野家の松田（瑞穂《みずほ》）さんに相談したのですが、「（1日）4万円しか売れない」と言われたようです。京樽の田中（博）さんにも相談したと言っていたかな。お2人とも否定的でした。

損益分岐点は、（1日）17万3000円ですから、不安がないと言えばウソになりますが、僕は強気ですから、「何言ってんだ。彼らは何もわかっちゃいない」と言って、悲観的な見方を一蹴《いっしゅう》しました。

――実際開店してみて、どうだったのですか。

最初は確かに苦戦しましたが、ジワジワ上がっていって、すぐに損益分岐点を超え、その後は分岐点を割るようなことはなかった。

物流費2・5％という仕組みをつくったことが、圧勝を支えた

甲州街道沿いにすかいらーく1号店（国立店）を開業したのが、1970年（昭和45年）7月。まだ、マクドナルドもミスタードーナツも、日本に上陸していないときに、

郊外ロードサイドという未踏の地に店を出して、爆発的な成功を収めた意義は大きい。1号店開業の5年後、75年（昭和50年）には早くも本格的なCK、立川工場を稼働させている。そして、翌76年には、首都圏300店計画を打ち上げた。78年（昭和53年）は、すかいらーくにとって記念すべき年だった。7月には東京店頭市場に株式公開し、9月には100号店（杉並宮前店）を開店。そして翌10月には、関西に進出。大阪・三国に、その第1号店を開店した。

1970年（昭和45年）7月、甲州街道沿いにすかいらーく１号店（国立店）が開業。郊外ロードサイドという未踏の地に第１号店を出した意義は大きい。

――吉野家の安部（修仁）会長が、吉野家は商品力、マクドナルドは組織力、すかいらーくは立地開発力、これがそれぞれのコアの強さだ、と発言されています。

違います。すかいらーくのいちばんの強さはマーチャンダイジング（ＭＤ）力です。

立地開発力がコアではありませんよ。まず売り物があって人がいたから店がつくれたのです。ＭＤ力と採用教育能力があって、大卒を計画的にどんどん採用して、１年半で店長をつくり上げる教育・訓練システムを確立した。そのバックで、強い商品供給システムを持った。すかいらーくの強さはそこです。

立地開発力というのは、その結果にすぎない。

――でも強力な立地開発力があったことは、間違いありませんよね。

立地開発のメンバーが50人いて、ひとりが年間3つ成約させた。その結果です。それもやみくもに決めるのではなく、明確なドミナント戦略と出店目標を持っていた。だから、面制覇が可能になったのです。

ここらへんは、渥美理論の忠実な実践者です。僕くらい渥美理論を忠実にやってきた人間はいない。いちばん嫌われていましたけれども（笑）。

――それだけの大所帯の部隊を持っていたことがすごい。

それを持てるだけの利益を出していた、ということですね。

とにかく、すかいらーくは、３００店まで赤字店が1店もありませんでしたから。最初からドミナント戦略を持って展開した強みが、発揮できたということです。

――しかし、すぐにデニーズ、ロイヤルホストが同じエリアでチェーン化を開始しますよね。他のFRチェーンもどんどん出てきました。

しかし、MD力と物流コストで他を圧していたのです。

とくに物流費は、売上高対比で2・5％ぐらいでできていたのです。なぜかというと、そのために必要なものを自社開発してつくったからです。4トンロングの保冷トラックを特注でつくりました。コールドロールボックスもつくって、トートボックスもつくって、ピッキングシステムもつくって、要するに完璧な物流システムをいち早く完成させた。

これもドミナント出店をしていたからできたことです。

――FFSグループは、なかなか郊外ロードサイドに出てきませんでした。今から考えると、FFSにとっては、痛恨《つうこん》の遅れになります。

確かに10年は遅れましたね。

中心部で出店して成功していましたから、そこがいっぱいになるまではなかなか新しい立地には出ていけない。過去の成功を重視しすぎて、そこにこだわってしまった結果です。

郊外ロードサイドってやはり大変なのです。投資も大きいし、それぞれが自分の力でお客さまを呼ばなければならない。

町中から出ていくには、やはり勇気がいるのです。

FFSグループではありませんが、私のところにもいろいろな方が相談にきました。イトーヨーカドーの伊藤雅俊さんも来ましたし、不二家の藤井和郎さんも来ました。ライオンズマンションの社長もです。

郊外には興味があるけれども、どうやって出ていいのかがわからない。

要は、すかいらーくが開発したフリースタンディングの出店の仕方や、土地のリースバック方式の仕組みを知りたかったのです。広さはどれくらい必要か、家賃はどう支払うのか。契約はどう取り決めるか。みんな包み隠さず教えました。

――300店出して、赤字店をひとつも出さなかった理由は、何なのですか。

出店の査定が厳しかった。これに尽きます。店前交通量、商圏内人口はもちろん、どういう家族構成になっているか、車の保有率。つまり民度ですね。そういう複数の要件を全部クリアしないと、出店のオーケーは出さない。

要するに、持ち込む案件が多ければ、最終的に残る立地は一定数得られるわけですから、最初の候補地の数が多かったことが、強力な出店力を支えたわけです。

――商圏というものは、出店していくうちに縮んでいきますよね。

はじめは、15万人に1店が基準でしたが、それが10万人になり、7万人、5万人となって、最後は1万7000人に1店というところまでいきました。

あくまでも、ドミナント化を目標に据えた出店計画が優先です。三多摩30店から出発して、東京100店計画、首都圏300店計画、全国1000店計画と続きました。これらは井出（洋一氏、のちにアメリカレッドロビン社長）と私がつくって提出したのです。

――名古屋を飛び超えて、大阪でチェーン化を開始したのが、1978年（昭和53年）9月、三国店が1号店でしたね。

そうです。細かい問題は山ほどありましたが、うまくいきました。弟の紀夫が責任者として直々《じきじき》に行ったこと、そしてベストメンバーでチームを構成したこと、これが、成功要因です。

新しいエリアに出るときは、中途半端な陣容で出掛けると、必ず失敗します。社運を賭ける覚悟で、メンバーを厳選して、打って出なければなりません。

——ローカリティの壁のようなものはなかったのですか。

ありませんでした。

それは、すかいらーくの業態とメニューがまったく新しいものだったからです。和食ならばたぶん壁にぶつかっていたと思います。

——和食っぽいのに洋食だった。

それから、商品力があったからです。まったく新しいメニューで質が高ければ、比べるものがないのですから、必然的に独走できたのです。

——関西にＣＫをつくったのが、１９８７年（昭和62年）。兵庫県西宮市につくりました。

ＭＤシステムと物流がすかいらーくの絶対の武器ですから、それを持たなければ、すかいらーくの強さは発揮されない。

物流コストを落とすためには、一定の店舗数を持たなければなりませんから、関西でも手綱《たづな》をゆるめずに出店していきました。

商品力があって、お店が楽しいから、お客さまがどんどん来てくださる。売れる、儲かる、人が採れる、育成できる、だから出店できる。やっぱり人材なんですね。利益が出ているときに、それを人材育成に投入できるかどうか、です。

すかいらーくはそれをやった、やり続けたから、大きくなれたのです。

FFSには強いコアの商品が必要。それをつくる力はなかった

80年（昭和55年）には、ジョナサンの1号店（練馬高松店）を開店している。

ファミリーレストラン（すかいらーく）とは別物のコーヒーショップの市場があるはずだ、という仮説のもと、アメリカのサンボ社と提携して、サンボを日本でチェーン化する予定であったのだが、サンボ社が倒産してしまって、独自にコーヒーショップチェーンを築いていくより他に、道はなくなった。それが、ジョナサンである。

しかし、そのチェーン化はいっこうに軌道に乗らず、まさにいばらの道だった。

80年代のすかいらーくをひとことで言えば、「多業態化の時代」であった。

イエスタディ、藍屋、グリーンテーブル、バーミヤン、と多業種のFRを生み出すとともに、FFSフォーマットも次々に開発して、市場に打ち込んでいった。しかし、テーブルサービスでは一定の成功を収めたものの、FFSではひとつの成功チェーンも生み出すことができなかった。

――ある段階から、多業態化の時代に入りますね。テーブルサービスとFFSの2つの領域で新業態を次々に打ち出していきますが、FFSではひとつも成功していませんね。その理由は何ですか。

FFSは絶対的に強いコアの商品ひとつがあるかどうか、です。それが堅牢《けんろう》な仕組みの中でフル回転することで成立するビジネスです。そのコアの1品が開発できなかった。これに尽きます。

すかいらーくの商品力というのは、トータルの商品力でしょ。それにサービスや居住性や立地の利便性が加わって、トータルの価値が生み出される。

だから、思考方法も商売の中身もぜんぜん違うのですね。

――それになかなか気づかなかった。

そうです。FFSに求められる断トツ1番の商品は持っていなかったし、開発する力もなかった。だから、失敗した。

すかいらーくの商品は、ひとつひとつは2位かも知れないけれども、総合力では断トツ1位だったのです。

そこが、テーブルサービスとFFSと違うところですね。

——一方、テーブルサービスではジョナサン、藍屋、バーミヤンと、次々に成功して、チェーン化を進めていきますね。

ひとつどうしてもお聞きしたかったのは、すかいらーくが成功しているのに、なぜジョナサンなのか。ジョナサンは、アメリカのコーヒーショップチェーン、サンボと契約して、それを日本でチェーン化していこうとした。しかし、1号店をつくる途中で、サンボが倒産してしまい、それがジョナサンの1号店（練馬高松店）になるわけですが。どうも理解に苦しむのですよ。

私は出入り禁止になりましたが、やはり渥美先生の影響なのですよ。

渥美氏いわく、ファミリーレストランはダメだけど、アメリカのコーヒーショップならばいいと、なぜならば、コーヒーショップはアメリカにあるから、と。それで白羽の矢がサンボに立てられて、契約もして、ご存知のように、1号店用の資材を積んだ船が日本に向かっている途中で、サンボ社が倒産してしまった。

それで窮余《きゅうよ》の策でジョナサンと名前を変えて、チェーン化を進めようとした。だから、1号店はまだありますけれども、アメリカ仕様だから、やたらにデカい。

――予想した通り、初期は苦戦しました。

4店出しましたが、黒字店がひとつも出ない。コーヒーショップとファミリーレストランとでは業態が違うといったって、それはやる側の思い込みにすぎない。市場は同じですよ。違いなんか簡単に出せるものではありません。

すかいらーくでやり切れなかったことを、ジョナサンで実現した

――それで、竟さんが立て直しに入るわけですよね。

いや、僕も整理しようと思って出掛けたのですが、中心になってやっていた7人の幹部が、いまさらすかいらーくには戻れない、どうしても続けさせてくれって、悲愴の覚悟で食いさがる。

そこで僕は、「よしわかった。続けろ」と、「ただし死ぬ覚悟でやらないと、立ち直れないよ」と宣告したのです。

実際に彼らは、寝る間も惜しんでがんばりました。あの7人のがんばりがなければ、ジョナサンは存在しないわけです。

――同じ市場の中で、どうしてジョナサンはチェーン化に成功できたのですか。

より都会型のファミリーレストランを目指しました。いろいろな時間帯に使ってもらおうということで、全店24時間営業をやりましたし、立地もすかいらーくとは変えた。より中心部に集中させたのです。

それから、首都圏から出ない、と決めたのです。すかいらーくが全国を目指すならば、こっちは首都圏一本だと。

――メニュー面でも、独自のものをたくさん持ちましたよね。

提携したサンボが、出店間際に倒産。急きょ、独自開発でジョナサン１号店を立ち上げた。練馬高松店はアメリカ仕様だった。初期の不振を克服して、竟氏は１日客数700人を超えるチェーンに育てた。

というよりは、すかいらーくでやり切れなかったことを、すべてジョナサンでやり尽くそうと、そういう気持だったのです。全国くまなく歩いて、いい商品になりそうな食材をどんどん見つけて、それをメニュー化しました。素材を見つけてきて商品化するところまでできるバイヤーの育成に力を注いだのです。

安心、安全、健康を打ち出したのも、ＦＲチェーンの中ではジョナサンが最初でした。有機野菜もどんどん入れました。

とにかく、すかいらーくと同じものにしてはならないという決意があったので、かえって独自性を身に付けることができるようになった。

一方すかいらーくはというと、高い収益力を出さなければいけないという至上命令がありますから、どんどん保守的になっていって、冒険ができなくなっていきます。

利益を出すことに汲々《きゅうきゅう》とするようになって、進化が止まってしまったのです。

ジョナサンは、お客さま第一主義です。どうやったら喜んでもらえるか、価値を認めてもらえるか、そのことのみを追求していくのですから、客数は伸びる一方です。

すかいらーくの客数が下降線に入る中で、ジョナサンは1日700人以上の客数を得ることができました。

――完全に逆転だ。

利益を追いかけすぎると、お客さまは逃げていくということですよ。当たり前の話です。

すかいらーくの高利益率が他の業態をつぶすことになった

――藍屋、バーミヤンのような業種の違うFRのチェーン化は比較的うまくいきましたね。

僕の考えは、すかいらーく1本に絞れ、だったのです。すかいらーくが1000店にならないうちに、何で横に拡げていくのか、大反対しましたよ。まだすかいらーくでやらなければならないこと、やれることが山ほどあるじゃないか、というのが僕の主張です。

藍屋も、その低価格版の夢庵も、中華のバーミヤンも、そこそこのチェーンになりました。バーミヤンは全国目がけて破竹の進撃をしたことも、確かにあった。

しかし、分散してしまったエネルギーをすかいらーくに集中していれば、どこにも負けないFRの全国チェーンができたはずです。

多業態化の推進が、その道を閉ざしてしまったのです。

人材は分散化したら弱くなるのですから。事業は集中しろって、渥美さんも言っていたじゃありませんか。

バーミヤンの破竹の進撃は、当時社長をやっていた伊東（康孝氏、元すかいらーく社長）の力です。彼は、鍋振りという店舗調理を棄てなかった。だから低価格でも質の高い料理を出せた。その店舗調理を棄てた途端に、魅力が失われた。

レストラン業は、商品の質が第一なのです。「そこそこの味でいい」なんて言っていて、長続きするチェーンなんかできっこありません。

——イエスタディをはじめとして、スカイラークガーデン、スカイラークグリル、と

いった、FRよりもひとつ上のチェーンも立ち上げましたね。出発当初は爆発的にヒットしましたが、どれもある段階を経ると急速に力を失っていきますね。上位業態をつくる力はなかったということですか。

失敗した理由は、利益の追求しすぎです。

すかいらーくはピーク時に、16・8％の利益が出ていました。そして、この数字がひとり歩きをはじめるのです。

他の業態も、その数字を基に論じられる。ジョナサン5％、藍屋8％、何やってんだ、ということになる。

上位業態も同じです。

スカイラークガーデンの商品なんて、本当にすばらしいものが出ていた。価値があった。だからお客さまがワンサと押しかけて、大繁盛店だったのです。

でも利益は2～3％です。

そうなると、〝改善〟がはじまるのです。数字の〝改善〟ですね、いちばん手っ取り早いのは、原価率と人件費を下げることです。

どんどん下げていって、気が付けば何の魅力もない凡庸《ぼんよう》な店になっていて、客数は急降下していく。そして、チェーン化断念で消えていく。その繰り返しです。

利益率というのは、業態ごとにブランドごとに違うものでしょ。価値の出し方が違うのですから、当たり前のことです。

多業態化とか多様化というのは、その違いを認めることから出発しなければならないのに、すべてが16・8％を目指せ、みたいなことをやるから、価値を生み出すことができなくって、消えていってしまう。

ジョナサンは私がいましたから、四の五の言われても突っぱねていられましたが、ふつうのサラリーマン社長ではそれができない。


歴史の必然で、すかいらーくが消えガストになった、という言説に対して、竟氏は断固「ノー」と言う。すかいらーくが商品力を高め、レベルの高いサービスを追求し、居住性の高い空間を提供し続けていれば、つまり、進化をし続けていれば、ガストに市場を明け渡すことはなかった、と竟氏は断言する。

そのガストは、今でも1300店以上の国内最大FRチェーンであるが、進取の気性をまったく失い、ただ少ないお客でも何とか利益を捻出する凡庸なFRチェーンに堕してしまった、と言う。

外食全体を見ても、平成の30年間は「何も生み出せなかった時代だった」、と手厳しい。この踊り場の30年が、飛躍のダイビングボードになるのか、このまま沈んでいくのか、今まさにその岐路に立たされている。

市場は小さくなったのではない、小さくしちゃったのです

――そこまで利益を出していたすかいらーくも、ガストに取って代わられて、今や1店もない。社名だけが残っています。

すかいらーくは商品開発をすることを止め、進化が止まってしまいました。だから、価格を下げて、人件費を削って、一定の生産性を確保できるガストに転換せざるを得なくなった。だから、ガストに転換したのは正解です。転換しなければ生き残れなかったのですから。でも、すかいらーくが進化をし続けて、おいしい料理が出て、楽しい店になっていれば、ガストになんて変える必要はなかった。客数が毎年伸びるすばらしい１３００の全国チェーンになっていたはずです。

ひと言で言えば、さぼりです。身から出た錆です。

――すかいらーくが時代に合わなくなった、という見方はできませんか。

それは結果だけ見て言っています。ＦＲの市場は今もしっかりありますし、ロイヤルホストやデニーズは、挑戦する心を失っていない。ただ価格が高すぎるので、お客さまがついてこれない。

ガストはただ安いだけです。お客を逃がさないためのあの手この手はいろいろとやっていますが、ただそれだけ。何ら新しいものを生み出していない。

あの価格帯の市場は、サイゼリヤとジョイフルに任せておけばいいのです。


――竟さんは、すかいら―くとジョナサンでやり残したことを、高倉町珈琲で実現しようとしているわけですね。


喫茶店という名前ですけれども、やろうとしているのは、レストランです。ですから、夜もしっかり稼げる時間になっています。

コメダ珈琲店は、喫茶店としてよく完成された店ですが、僕がやろうとしているのは、あれではない。

食事がちゃんとできて、ぜいたくな空間の中で、楽しい時間を過ごせるレストランです。この市場はあるし、これからも大きくなる、という確信があります。

同じものが毎日出てくる店を、食堂と言います。レストランというのは、季節によって旬のいい素材のものをおいしく出すところですよ。僕は食堂をやるつもりはない。


――しかし、FR市場は縮小する一方ですね。


外食は自分たちで、市場を小さくしちゃったのですよ。

人気がなくなったから小さくなっただけの話です。人気が出ると市場は大きくなります。ワクワクして行きたくなるような店がなくなれば、市場は小さくなるに決まっています。

すかいらーくやジョナサンでできなかった時代に即した新しい価値づくりを、横川氏は高倉町珈琲で実現しようとしている。

郊外でも、回転ずしや焼肉は、お客さまであふれているではないですか。あちらにお客さまが流れていってしまった。それだけのことです。

――しかし、デリバリー市場が膨張したり、お客の食行動が変わってきていますよね。

デリバリー市場はこれからも伸びるでしょうね。売れない店、売り上げが足らない店は、デリバリーをやればいい。その市場はあるのだし、大きくなることも間違いがないのですから。私はレストランをやっているのだから、デリバリーには興味はありません。

平成30年間は踊り場。新しい価値を生み出せなかった30年

――竟さんがよくおっしゃる家庭内外食の傾向が、より強くなっていきます。デリバリーもそのひとつですが。

調理放棄はすさまじい勢いで進んでいますから、ここで生まれる市場は確かに大きくなります。

それを外食業が取るのか、食品小売業が取るのか。これから熾烈《しれつ》な戦いが繰り広げられます。この市場については、僕も興味があります。レストラン業でしか取れない市場があるからです。

ひと言で言えば、高質で安心、安全、ヘルシーな料理です。食べ物ではありません。料理です。この家庭内で生まれた市場は、旨い物をつくってただ提供すればいいというものではありません。

冷凍なのか、チルドなのか、常温なのか。いずれにせよ、フレッシュで、出来たてで、豊かな食事が家庭の食卓で食べられなければいけないわけですから、電機メーカーや包材メーカーなどのバックアップが必要です。

コンビニや食品スーパーのそうざい、弁当、また外食の今のデリバリー商品とは格段に違うものを開発しなければなりませんから、壁は厚いです。

しかし、その壁を突破できたら、外食そのものの、大地殻変動が起こることは、間違いありません。私はそれをやりたいんです。

高倉町珈琲のおいしい食事を家庭で食べるにはどうしたらいいか、毎日毎日考えています。

――年号が令和に変わりました。

すかいらーく創業者・高倉町珈琲会長／横川 竞

平成の30年間を、竞さんはどういう時代であったと、総括しますか。

平成の30年は、昭和という時代の成長を受けての踊り場です。拡大したところはありましたが、成長もしなかったし、進化もなかった。新しい価値をひとつも生み出せなかった30年です。仕組みを中心にした価値づくりをしなかったことが、平成の反省です。

――令和は。

店づくりよりも、価値づくりです。新しい仕組みをつくって、その仕組みによって、新しい価値を生み出す。利益も生み出す。

そこに本気に取り組んでいる外食業は、今のところないのではないでしょうか。

（２０１９年９月30日）

先人たちの言葉
―
04

吉野家から学んだのは商品力。
でも、定食があるから小商圏で
高来店頻度型のチェーンができました

松屋フーズ
ホールディングス会長
瓦葺 利夫

1941年生まれ。大学卒業後、商社勤めを辞めて、徒手空拳で中華料理店を開業。1968年に牛めし松屋の1号店を開き、1000店に迫るチェーンに成長させた。吉野家、すき家の牛丼チェーンとの違いは、牛めし以外にグリドル商品など強い定食群を持つこと。その商品開発力、価格力、それを支えるマーチャンダイジング力を備えるのが同社の強さ。牛丼の低価格戦争の火付け役ながら、価格価値以上の商品の品質にとことんこだわり抜くのが身上だ。会長になってなお商品開発室にこもり、新商品開発に余念のない日々を送る。

「よく牛丼3チェーンと言って比較されるけれど、うちは〝牛めし〟だし、定食の売り上げのほうが高いんだけど…」と、松屋フーズホールディングスの創業者、瓦葺利夫会長。確かに松屋の売上高を1065億円（2020年3月期）にまで押し上げた原動力は、牛めしに加えて、創業期から今も主力商品として位置付く牛焼肉定食などの定食類の存在であったろう。実際、BSE禍など業界を襲う波風も、これらの商品群の存在が堤防の役割を果たした。そして、試練を経るごとにその商品開発力は社内にぶ厚く蓄積されてきた。だがグリドルの調理は煩雑だ。ファストフードの生産性を目指すには、もっと機能的に、もっと楽に調理できないものか。瓦葺会長は創業当時から、意識的にそれを追い求めてきた。それでいて、おいしくお客に喜んでもらえるようにしたい。その答えが、セントラルキッチンを駆使しながら商品を高いレベルで提供できる、マーチャンダイジング体制の確立であった。

創業時も成長期も苦しんだのは人の問題。会社組織のあり様が問われます

――瓦葺さんは学生のときに起業されたのですか。

きっかけは学生時代のアルバイトで家庭教師をやった頃ですが、卒業してからの創業です。

――縁《えん》は家庭教師。中華料理からのスタートですね。

そう。その教え子の実家が飲食店を何店かやっていて、潰れた中華料理店の道具がありました。

――厨房機器なんかが。

中華鍋とか寸胴とか、餃子の焼き器とかがあって、物件もダメになった自動車の修理工場が空いていて、その場所で道具使って営業したらどうだ、という話があったんです。４月に渡辺商行という商社に就職して、数週間会社勤めをしてから、練馬区羽沢の中華飯店「松屋」をオープンしたわけです。

中華飯店「松屋」は、１９６６年（昭和41年）６月、８坪、カウンター17席、４人掛けテーブル２卓で練馬区の人通りも少ない住宅街の一角にオープンした。開業費の60万円は実家から借りた。立地の悪さと人手不足に苦労しながらも、商売の工夫と若さの頑張りで、創業期の苦難を乗り切った。

――何かご自分で商売をやりたいという気持ちがあった。

ありましたね。ずっとサラリーマンは嫌だなあ、と。

――でも就職した。話を持ち掛けられたのは渡りに船、でしたね。相手も、不要の道具が売れるし、空いた場所も貸せる。要するにダメになったものを両方瓦葺さんに押し付けた。創業の場所は住宅街の真ん中で立地は決して良くありません。

だから出前でやるしかなかった。

調理技術もないので、調理師会からコックを派遣してもらって、自分が出前をやりました。

――軌道に乗ったきっかけは。

いや、乗らないですよ。調理師会からの人もすぐに辞めるし、3人くらい紹介してもらったかな。そのうちに就職した先のやはり辞めたがっていた人に声をかけて手伝ってもらいました。この人がしっかりした人で、コックのヘルプをやりながら仕事をきちんと覚えてくれて、会からのコックが来なくなった後は、彼が調理を担当、私が出前。でも今度は、この人も辞めると言い出して…。

――危機的な状態ですね。

そう、危機そのもの。一人じゃ出前やれないので、あちこちにお願いして、やっと実家の知り合いの中学卒業したての子に来てもらったのです。私が鍋を振って、その子が出前です。その時が第一回目の会社の危機ですよ。

――瓦葺さん、そのときには調理できるようになっていたんですね。

見様見真似でね。調理の人が夜の7時か8時に上がった後も11時まで営業ですから、やるしかありません。「こんなの食えるか」と突き返されたりしたけど、自分ではうまいと思うけど、しょっぱいのかな、とかを繰り返して、だんだん覚えていったわけです。

――吸収力がありますね。

その頃は、自分で一生懸命に戦っていたんでしょうね。これくらいできないでどうする、とね。『松屋フーズの50年史』で、当時の振り返りをしてみたけど、改めていいことを書いてあるな、と思う。この出前の心得のところなんかですね。

①待たせず…ベル3回以内にとる。②常連さんには…声を聞き分け、こちらから◎◎さんですね、と言う。③一生懸命さ…白衣の背中に「屋号」「電話番号」を書き、動く看板を背負い出前。④気配り…出前先の下足を揃える、下げは早く。⑤プラスワン…出前のついで買い（たばこや洗剤など）を聞く。⑥挨拶はこちらから。⑦お客さまを知る。

――考え方としては、「お客さまに誠心誠意尽くす」という今の松屋フーズグループに根付いているものが、すでに表明されていますね。

当時は明文化されてはいなかったけど、「電話は飛び込むようにして早くとれ」とか「名前間違えないように」とか言っていました。

――創業時の第一回目の危機を乗り切った。ということは2回目の危機もあったのですね。

ええ。つくば万博の頃ですので、1985年でしょうか。バブル期で人手不足は今よりもひどかったですよ。残業代は出していても寝る時間もないほど労働環境は厳しくて、社内に不平不満もあったのでしょう。幹部クラスが独立して、人をどんどん引き抜いていきました。誰が見てもいい人はいい人、そんな人を引っ張っていく。誰が残り誰が出ていくのか、社内中に疑心暗鬼みたいなものが渦巻いていましたね。

――そこから得た教訓はどのようなことがありましたか。

自分への戒めも含めて、言っていることと日常の行動が一致していないとダメだということですね。あの頃、まだ32、33店くらいでしたが、どこも人手がなくてわれわれも体が寝不足で熱いんです。四方八方駆けずり回っても、人手不足は解消しない。そういう状況で幹部離反は起こるべくして起こったんですね。

自分ならこうするのに、もっとうまくやれるのに、という不満や過信が沸騰する中で、私自身の言動に彼らに引導《いんどう》を渡すようなことがあったんだろう、と今振り返って思います。

――そういうことを経ながら、会社組織のあり様への考えは変わりましたか。

ええ、社員に向かって話をすることは、それまでと変わりました。100店を目指そう、店頭公開をしてパブリックな会社にしよう。

――やはり社員との気持ちの乖離《かいり》はあったのですね。

「俺だって給料取りだ」という気分でしたけど、社員にとっては、社長の金儲けの手伝いをするのは嫌だ、という感覚だったのかもしれません。公開企業を目指して、皆で組織として取り組んでいこう、という風に意識的に変えていきました。

最初から牛めしと定食の2本柱。価格は吉野家より安くしました

――話を創業時に戻しましょう。2店目が、牛めし松屋の原型になる江古田店ですね。2店目を中華にしなかったのは何故でしょう。

慣れているので中華がいいのですが、あの江古田の音大通り周辺にはラーメン店など中華の店が4店くらいありました。中華だらけで、しかもぜんぶ出前をやっている。

――今もある松屋の場所。音大通りとミツワ商店街の角ですね。

そうです。場所はすごくいい。フルーツ屋さんの跡地です。でも中華では周りの店に勝てそうにない。そこで何をやろうか。道具などを買いに築地に行っていましたので、吉野家というすごい店があるというのは知っていました。

――築地の吉野家、ヒントになりましたか。

専門誌などをみながら他の牛丼店も研究しましたけれど、吉野家が断トツです。あれがお手本。暇さえあれば、築地へ行って食べていました。

――何を学ぼうとしたのですか。

商品力です。値段が250円ぐらいだったと思うのですが、和牛の幅広の肉ですごくおいしい。ラーメンが100円くらいでしたので、決して安い価格ではないけれど、価値はありましたね。お客もごっそり入っていました。

――回転が速い。

すごく速い。カウンターの中で、牛肉の脂で床が滑るじゃないですか。それを利用してスケートかなんかしているようにして、牛丼を出していました。築地の場外にも似たような店がありましたけど、場内の吉野家のレベルは全然違いました。

――やるならこれだ、と決断したのですね。でも商品開発は大変だったでしょうね。

毎朝開店に合わせて吉野家に通い続けました。そのうちに店長と顔見知りになって、吉野家が下赤塚の川越街

4号店に併設してCKをつくった後も、1996年の嵐山工場や2005年の富士山工場など、成長に対応させながら磐石なマーチャンダイジング体制を築いてきた。

道沿いに精肉店をやっていることを知りました。ダメだろうと思ったけど、肉を売ってくれと頼むと、江古田なら場所が離れているのでいいだろう、と取引がはじまりました。

――でも吉野家の味は出せない。

中華的な調味料ではもちろんのこと、酒やみりんなどいろいろ試しましたけど、吉野家みたいな味にならない。ワインなんて見たこともない時代ですので、思いもよりませんでした。

――仕入れ先となって、ノウハウも教えてもらった。

取引が進むにつれて、先方ももっといろいろ売りたくなってくるでしょう。売ってもらうのはあくまで食材そのものですが、自然と情報も入ってくるようになります。

――とすると、吉野家とほぼ同じ味のものができたのですね。

いいえ、肉が違いますから。向こうは和牛、こっちで使う肉はあちらと比べればずっと硬い。その代わり、１００円安くしました。

――吉野家で２５０円、松屋は１５０円で牛めしを売ったのですね。

そう。そのほかにも焼肉定食なども売りましたよ。

――とすると創業のときからグリドルを持って、定食類もメニューに入れていたわけですね。

グリドルなどと大げさなものではなくて、ガスコンロの上に乗っける小さなものです。

牛めし松屋の1号店は創業から2年めの1968年7月に開店した。中華飯店を営業しながら、研究に研究を重ねて開発した牛めしを武器とする、4・5坪、カウンター8席と小上がり席を持つ店だった。商品は牛めし150円を中心としながら、もつ煮込み100円や焼きナス100円などのつまみ類や、現在につながるレバー焼き定食180円、豚焼肉定食200円、牛焼肉定食240円、生野菜100円などを揃えてスタートした。

――吉野家をお手本にしながら牛めし一本にしなかったのはなぜだったのでしょう。

江古田という町は学生街であり住宅街です。昼間は学生相手に牛めしだけでいいのですが、夜はサラリーマンの人たち、牛めしだけでは物足りないのではないかと考えました。もつ煮込みやレバーや豚肉や牛肉を小さな鉄板で焼いて、生野菜を添えて出しました。

――牛めし以外のメニューも固定化していったのは、成績も良かったからでしょうね。

最初の半年間は大変でした。お昼で暇なときは、当時注目を浴びはじめた流通革命の本などを読んでばかりいました。

――半年苦労したけれど、そのあとは右肩上がりに伸びていった。

上がっていきましたよ。日商2万円くらい売りました。当時、1号店の中華飯店が、6000

円とか7000円。この店は、縁のあった夫婦とさっきお話した田舎から出てきた子に任せていたけど、こっちは私一人です。

——営業時間は。

店を開けるのは午前11時、夜閉めるのはお客さまのいる間は営業時間みたいな感じでやっていました。キャバレーがはねた後に、女の子がお客さんを連れてきたりしていてね。

——それを一人でやっていた。頑張りましたね。

でも全然疲れないです。売れて儲かっていたからでしょうね。

江古田に1968年7月にオープンした松屋の1号店。この店で、商品や店舗を、改善・改良、改装を繰り返し、現在につながる原型をつくり上げた。

——鰻登りに売り上げが上がるにつれて、営業面で変えていったところはありますか。

いつも変えていました。店自体のレイアウトも2年に1回ぐらいは変えていました。

——店もメニューも進化させ続けた。具体的には。

カウンターの向きだとか、小上がりを潰《つぶ》して、カウンターだけにしてしまうとか、です。

——回転をよくした。回転が悪くてもお酒を飲んでくれるので、客単価は取れていたので

はないですか。

ダメですね、お酒のお客さんは扱いにくいし。最初は小上がりがありましたので、もつ煮込みやナス焼きとかお酒のつまみを置いていましたが、どんどん切って、今のメニューに近い形に変えました。

それに合わせて店もぜんぶ変えて、カウンターだけにしました。

――いっそのこと牛めし一本に絞り込もうとは考えませんでしたか。

社員は、定食は面倒くさい、とは言ってました。

――でも変えなかった。

うん、牛めしだけだと商圏を大きくしないと難しいのではないのか。牛めしだけだと来店の頻度は上がりません。

今使っている食材を使いながら、牛めし以外のメニューを持つことで、夜のお客も増やせて、そのほうが店舗数は増やしやすいと考えました。

――小商圏で高来店頻度型のチェーンができますね。

そうです。昼に牛めし食べて、夜はカルビ焼きや牛焼肉を食べても全然大丈夫ですけど、昼も夜も牛めしだと情けなくなっちゃいますよ、当時はみそ汁もつかなかったので。同じ人に昼も夜も来てもらえる。だから小さな商圏でも成り立つのです。

2号店の西荻窪南口店でチェーンの原型が完成。4号店のCKでMD体制づくり

――江古田店に比べると2号店の西荻窪南口店は、外装も全部ガラス張り、客席もカウンターだけで、一気にファストフードの店としての体裁《ていさい》が整いました。

江古田店からは6年経っています。その間に少しは勉強をしましたから。あの店では、定食を止めて牛めし一本にしたこともあるのですよ。

――単品のほうが高回転で効率もいい。でも牛めしだけだとダメでしたか。

やはり売り上げは下がりました。牛めしだけだと従業員の数を減らせるのではないか、など試してみるのですけど、やはり今の牛めしと定食の形にしてきてよかったのだと思います。

――2号店を開けるまでいろいろ勉強なさったのですね。

その6年間で実は共同経営ですが、3、4店やっていたのです。相手の人とはビジョンが違ったので早々に止めてしまいましけど。その共同経営の店でいろんなトライアルもしていました。

――いわば西荻窪はその集大成ですね。

そう、そして西荻窪の立地に惚れ込みました。江古田の店が終わると毎晩、その場所を見に

行きましたよ。共同経営でなく自分だけの店ということを意識して、2号店のこの店に、それまでのすべてをつぎ込みました。

――最初からヒットした。

ええ。江古田がその頃、最初の2万から増えて5～6万円の日商になっていましたけど、西荻では平日20万、土日は30万円を超えていました。

――じゃあ、この店でそれからの展開への自信を得たわけですね。

3号店の西荻窪北口店は、2号店との距離100mの近接出店で不発、1978年の4号店、大和町店（中野区）は環状7号線沿いの立地を生かして、自社所有の敷地に工場と事務所も併設した。翌79年には、初期における旗艦店となる吉祥寺店、船橋店をオープンし、多店化に向け始動することとなる。

――この段階からCKをつくったということは、その後の出店計画も策定していた。

その頃は、もうすかいらーくが倍々ゲームで出店をしていました。創業はわれわれのほうが先です。刺激されましたよ。でも何店つくろう、ということよりも、これで、いい商品が原価を抑えてつくれると思いました。

――野菜のカットやタレの製造、肉のスライスなどをCKで行った。もう現在に至る

――基本形が完成していますね。

そうですね。物流や人の移動を考えて、そのあとに吉祥寺店を出し、中央線や総武線沿線などを中心に出店しました。船橋店もそのあと出して、売り上げは全部50万円以上でした。船橋店は今でも松屋中のナンバーワンクラスの店です。

――FRや他のFFSは郊外に出店しました。

まだ駅前に出店余地は十分にありましたし、郊外は投資も大きい。利用動機を考えても、郊外立地には自信が持てませんでした。

290円の牛めし。戦法はよかったけれど、その後、上げるのには苦労しました

主要駅前立地で20坪、カウンター主体で20席の店舗。これで30万円を売るのが標準店舗。その後、牛丼チェーン同士の競争が苛烈さを極め、マクドナルドなども含めて価格競争に突入していく。

――2000年、マクドナルドがハンバーガーを65円にしました。牛丼チェーンでは

松屋が先陣を切って値下げに踏み切りました。

400円の牛めしを290円にして、最初半年くらいは130％くらいまで売り上げが上がりましたけど、ほかも値下げして、結局もとと同じくらいになってしまいました。戦法はよかったんですけどね。

――マクドナルドの価格への仕掛けを意識した。

それもありますけど、あのときは仕入れ価格も低かったんです。マクドナルドだけではなく、リンガーハットなども下げていました。

胃袋はひとつなので、牛めしもこれではいけない。バブル後で不動産も人件費も下がる、それでいながら牛めし価格が変わらず400円では、実質的には値上げではないのか、と社内でコンセンサスをとりながら、手始めに関西から値下げをはじめました。

――瓦葺さん、ワンマンではなくて、じっくり社内の合議を詰めていくのですね。

それはそうです。工場をつくる、本社をつくる、といった大事なことは、社内の反対意見もじっくり聞いてきましたよ。

――それでいて自説は曲げずに、強い意志を押し通す。

それから吉野家もすき家も、松屋に引きずられるように値下げに追随して、価格競争に入っていきました。

今度は値上げをするときに大変でした。原価がどんどん上がってきましたから。下げた当時の2倍以上になっています。それでプレミアムの牛めしを開発して、質を上げて価格も上げました。

――値下げも値上げも引き金は松屋が最初に引いた。

ただ上げるわけにはいきません。

――それで牛肉をチルドにしてタレも無添加にした。お客さまは納得したと思います。

口に入れてザラつかない、これもノウハウの1つなんです。

――それは調味料、タレの改良ですか。

トータルですね。お客さまからのクレームが、ぐんと少なくなりました。

――商品へのこだわりは強いですが、システム開発にも力を入れていますね。店舗での効率化に、初期の頃から取り組んできています。

機械屋さんと共同で開発をやってきました。

三大牛丼チェーンといわれるが、松屋が吉野家やすき家と違うのは、主力メニューの牛めしが、売り上げの35%しか占めていないことだ。そのことが、BSE禍で吉野家から売り物が消えたときでも、松屋は定食類を持つ強さで、比較的軽微な損傷で乗り切ることができた。だが、グリドルメニューを持つことは、提供時間が長くなるし、作業負荷もかかり、効率は決して良くはない。しかし、季節ごとの定番商品だけではなく、適時の新商品投入により、消費を常に刺激し続け、客単価と売り上げを上げる効力を持つ。ただし、そのための商品開発力があることが前提だ。瓦葺氏は会長になった現在も、ほとんど本社の商品開発室にこもりっきりだ。

――グリドルにより、いろんな商品を提供できますが、スピード提供はしにくいですね。基本的な調理は、西荻窪南口の2号店から変わっていない。

そうですね。この鉄板があるのでしようがないのです。これまで回転率を高めるために、早く焼けるように鉄板を薄くするなど実験してきましたけど、それだと厚さのあるものはうまく焼けません。でも、分厚い肉も焼けるグリドルを現在開発中です。

――とすると、飛躍的に生産性も上がってきます。市場に革新をもたらしますね。

牛丼マーケットも今の価値観や中身であったならば、市場が頭打ちの中でも何とかそれぞれが成り立っていきます。でもダントツに高い生産性を備えたり、破格の価格競争力を持ったりするような、質的に次元の異なる変革をするチェーンが出てくれば、この均衡市場が変わって、そのシェアにも変動が起こってくるかもしれませんね。

――瓦葺さんのお話しを伺っていると、ただ店を増やしていけばチェーンになるわけ

ではないことがよくわかります。

商品を高い品質で効率的に提供するためのＣＫも必要でしょうし、店舗での仕組みもそうです。それを支える人材も大切です。そして、先の見えるビジョンと、それに基づく組織づくりも必要です。それらをクリアしてきたから、今の松屋がある。

お客さまがたくさん入らないと、働いていても喜びにつながらないと思います。そして、もっと楽に働ける環境づくりには、いつも努めてきたつもりです。生産性も高くないといけません。

——生産性が高ければ、高い給与も払える。そうすればいい人材も入ってくる。好循環になります。

ただ生産性だけではなく、お店の品格であるとか、お客さまに映る会社のイメージなど、世間常識やコンプライアンスの問題をきちんとクリアしていくことも大事です。社員だけでなく、お客さまの求めるものを裏切らない会社であり続けること。社員に対しては、この会社の将来性を提示することが、これからも一緒にやっていこうという力になるでしょうね。

——２０１８年の10月にホールディング制にしたのも、そうした狙いからですね。

松屋に続く第二の柱として育んできたとんかつ業態「松のや」のフォーマットが固まり出店に弾みがついた。2020年３月期で199店までになった。

今年（2019年）ほぼ1000億円の年商になります。次はどうしようかと考えて分社化しました。分社に見合う業態開発を進めていきたいと考えています。

――それぞれのカンパニーごとに経営者をつくっていくのですね。

例えば牛めしで1000店1000億円、とんかつが今150億円くらいで、第二の柱になりつつあります。

――その他にも新業態の開発を積極的に進めていますが、その業態づくりの特徴は、必ず競争チェーンよりも少し安いプライスを打ち出していることです。

競争力を考えると、価格は絶対的なファクターだと思います。価値を訴える一番は価格です。品質とイコールだと思います。

――価格的には競争チェーンの下に潜り込んでいきながら、品質的には凌駕《りょうが》していく。その価格で、既存の市場を取っていくわけですね。

回転ずしのすし松、カレーのマイカリー食堂、中華系では松軒中華食堂などがあります。ステーキ店や天ぷら店の実験もはじめています。成熟度の低い業界の業態ならば、50店、100店とつくっていけるでしょう。そこに社長や専務という経営者をつくって、どんどん展開していけばいい。海外へも出ていければいいでしょうね。

（2019年9月30日）

先人たちの言葉
—
05

テイクアウトパッケージを売り込んだ縁で1号店店長に。フレッシュな国産鶏でアメリカよりも上質な商品づくりを徹底

日本KFC元社長・
ジェーシー・コムサCEO

大河原 毅

1943年生まれ。1970年の大阪万博を機に大日本印刷の営業部員としてケンタッキーフライドチキンチキンに出会う。同年、三菱商事が展開をするにあたりスカウトされ、日本ケンタッキー・フライド・チキンに入社、第1号店（名古屋・名西店）の店長となる。1984年同社の社長に就任、ケンタッキーフライドチキンを1000店チェーンに育て上げる。2002年、ジェーシー・コムサの前身、コムサネットの社長に就任。現在も、同社CEOとして外食業、食品製造販売事業など幅広く活躍する。

カーネルから直接教わった人間は、今では世界で私一人

大阪万博は1970年（昭和45年）3月から開催されたが、ここへの出店が、KFCの日本初上陸であった。万博中の営業は、ロイヤルが担当していた。大河原氏は、大日本印刷の社員であったが、紙のパッケージの猛烈な売り込みをかけていた。三菱商事は凸版印刷と組んでいて、まさに商売敵であった。三菱商事がKFCの展開を行うことになったとき、大河原氏は、その商売敵三菱商事の相沢（徹）副社長に認められて、スカウトされたのだった。大河原氏は、自ら志願して、1号店名西店の店長になる。立地の悪さ、値段の高さもあって、まったく売れず。神戸のトアロードに出した4号店で、ようやく光明を見出すことができた。

それまでの悪戦苦闘ぶりは、それだけでひとつの物語になる。

しかし、この初期の苦戦が、その後の大河原氏の、徹底した現場主義につながっていく。

そして、どんな苦しいときでも、「こんなに旨いものが、売れないはずはない」という商品への絶対の確信は揺らぐことはなかった。

——まずお聞きしたいのは、なぜ三菱商事が日本のケンタッキーフライドチキン（以下ＫＦＣ）展開を手掛けたのか、です。

これにはストーリーがあります。戦後、三菱商事がアメリカの穀物メジャーと組み、大量の穀物を輸入しました。次に、輸入した穀物飼料を使うため、日ハムあたりと一緒に鶏の飼育をしました。鶏がつくれたので、今度はＫＦＣを展開しようという流れになりました。相沢さん（日本ＫＦＣ元会長）という当時の名物副社長が、バーチカル・マーチャンダイジングを推進したのです。

——一番川下の、大量消費先としてＫＦＣをやった。日本ＫＦＣは１９７０年７月に設立しますが、これに先立つ３月に開催された万国博覧会では、ロイヤルがＫＦＣをオペレートして大成功でしたね。なぜロイヤルがやらなかったのか。

ロイヤルは万博のアメリカンパークで、ＫＦＣを運営しました。でも、あの当時の江頭さん（匡一《きょういち》氏・ロイヤル創業者）は、コーヒーショップにすごく興味を持っておられ、手掛けていた機内食事業も伸びていたので、ファストフードにまで手が回りませんでした。

だからＫＦＣは三菱商事がやることになったのです。ロイヤルがＫＦＣをやろうと思えば、そのままやっていたのではないでしょうか。

——万博のとき、大河原さんはどのような立場でしたか。

大日本印刷の営業をしていました。私は万博担当で、ギリシャ館やカナダ館といった、いろいろなところに売り込みをかけていました。当時、海外事業部をつくった北島さん（義俊氏・現大日本印刷会長）が、「これからはファストフードが伸びるだろう、ついてはパッケージを受注してこい」、と私に特命を出したので、ＫＦＣにも売り込みに行きました。

そのとき、万博のＫＦＣ開業準備のためロイ・ウエストンという人物が来日していました。ニューオータニの最上階にあった円形レストランで彼と会食した際、日本のファストフードといえばとんかつ専門店の「とんき」だという話になり、目黒のとんきに連れて行きました。そこですっかり意気投合して、紙の箱のパッケージを売り込むことができたのです。このとき三菱商事は凸版印刷と組んで、大日本印刷と受注争いをしていました。ＫＦＣを三菱商事がやることになったとき、その縁で私は相沢さんからスカウトされました。「あの生意気なやつを雇おう」となったらしいです。

――70年11月にＫＦＣの日本1号店が開業することになり、ＫＦＣに入社しました。

最初はマーケティングをやれと言われましたが、断って1号店の店長を志願しました。理由は自分の店をつくりたかったからです。フライドチキンのノウハウを覚えたかったので、本社ではなく店舗を選びました。そうしたらカーネル・サンダース自らが私に「オリジナルチキン」のレシピを教えてくれました。今、カーネルから直接教わった人間は、おそらく全世界でも私一人だと思います。

ただ、私が店長になった1号店は失敗し、続く2号店、3号店も失敗に終わりました。1号

KFC創業者、カーネル・サンダース氏から「直接レシピを教わった私は世界で最後のひとりだろう」と大河原氏。2人は信頼の絆で結ばれていた。

店を出して半年も経たずにこれはダメだなと思いました。全然売れないので、あっという間に債務超過になり、1号店だった名西店をクローズしました。しかし、大日本印刷を辞めていたので、今さら帰るところもないわけですよ。優秀な学生たちをインスパイアして店に入れていたから、彼らも食わさなければいけない。それで仕方なく名西店の厨房機器をぜんぶ持っていき、神戸のトアロードに小さい店をオープンしました。これが4号店ということになります。

――最初の3店舗はSC敷地内への出店でした。

名古屋と関西にある郊外型ＳＣの中にひょこっと出店したので、全然お客さんなんて来ませんでした。英語で看板を出していたから、床屋やアイスクリーム屋と間違われたりして、何屋かも知られていませんでした。でも、私はアメリカのＫＦＣを見ていましたから、現地ではすごく売れるし、自分でも食べておいしいと思ったから、絶対これは売れるはずだと信じていました。そうこうするうちに、三菱商事から来ていた人はみんな原隊に帰ってしまったのです。私が店長から営業部長になるまで1年しかかからなかったのは、とにもかくにも他に人がいなかったからです。

頻度は年2回でいい。高くても国産の鶏をフレッシュで出そうと言い続けました

――トアロードの4号店で爆発的なヒットをするわけですか。

爆発的とまではいきませんでしたが、少なくとも損益分岐点には達しました。1号店から付いてきてくれた学生たちと店に住み込んで、店のものを食べて、風呂もろくに入れず、必死で頑張りました。それが今、みんなわが社（ジェーシー・コムサ）の社長や専務になっているわけです。

三菱商事の事業なのに、なんでこんな境遇なんだという不満はありましたよ。三菱商事は「ラーメンからミサイルまで」何でも扱うと言われていましたが、食糧部や油脂部などの「部」の案件と比べると、食料開発室の「室」の案件は本気にされませんでした。だから、最初に鶏を売るのを断ってきたのは三菱商事でしたし、融資を断ってきたのも三菱銀行でした。

――そこらへんは非情ですね。

非情かもしれませんが、独立採算だから仕方ないとも言えます。ますます赤字が累積してい

く会社には売れなかったのでしょう。それで、住友商事にいた兄や丸紅の友達に頼んで鶏肉を売ってもらいました。資金は住友銀行や富士銀行が融資をしてくれて、やっとのことで店を回していました。

――スタートの失敗は何が原因だったのでしょう？

そもそもモータリゼーションがゼロの時代にドライブスルーの店をつくるなんて、まずナンセンスでした。それから、チキン1ピース120円の価格設定もダメでした。当時支配人だったトーマス・サカモト氏は、アメリカのKFCとまったく同じ客席とキッチンをつくったけれど、これも日本に合いませんでした。

――トアロードの次から東京へ出ましたね。

最初は青山、それから成城学園、田園調布に出しました。東京に進出してから順調になりました。その理由として、家賃の安い駅の反対側の立地を意図的に狙ったことと、投資を下げたことが挙げられます。アメリカのキッチンは大きいため、電気代や水道代がかかる上に、掃除が大変です。そこで「潜水艦の中みたいにしよう」と言って、キッチンをコンパクトにして、サブマリンキッチンと呼んでいました。

もう1つの要因は、FCの選定です。KFCは投資がすぐには回収できないため、FCジーは息の長い仕事をしている企業と組もうと考えました。注目したのが山林です。山育てには40年、50年かかりますから、長いスパンで事業を考えてくれると思いました。北海道の伊藤組さん、山大産業さん、田部さん、そういった山持ちの老舗企業にFC加盟をお願いしました。

――価格に関しては、ずっとKFCは高いと言われていましたし、大河原さんも「うなぎ屋でいい」と話していましたね。高い来店頻度は求めないと。

いまだにそれがいいと思っています。当時はちょうどコンビニが勢力を伸ばしていた頃で、量ではコンビニにはかないません。でも、コンビニはタイ産や中国産のものを仕入れているから、それに対するイメージ戦略がフレッシュの国産ハーブ鶏でした。輸入の安い鶏は全部やめました。私が退いた後、一時ブラジル産を使ったようですが、大失敗したため今は国産に戻っています。

ケンタッキーフライドチキンは1970年3月、大阪万博のアメリカンパークの付帯施設として日本に初めてお目見えした。その運営は、ロイヤルが担当した。

なぜフレッシュな国産鶏が重要かというと、鶏肉はゆでると真っ白になるし、冷凍して解凍すると肉汁が出てしまいます。マグロのトロをゆでたらとんでもないものになるのと同じです。だからカーネル・サンダースは裏庭のハーブ畑で駆け回っている鶏を使ったのです。鶏はフレッシュでないとダメなんですよ。それを圧力釜に入れて、最初に周りを固めて、中はジューシーに仕上げる。だからおいしくなるわけです。

他にアメリカと大論争したのが揚げ油です。パーム油とコーン油と綿実油を体温くらいの38度で温めると、コーン油と綿実油はスーッと流れるけど、パーム油はねっとりとしている。だからパーム油だと食べたときにくどくなります。アメリカは安いパーム油を使えと言ってきましたが、頑固に変えさせませんでした。

――フレッシュな鶏と油だけは変えちゃいけない。

少々高くても、国産で手づくりの商売をやりましょう、と言い続けました。日本人1億2000万人に対して、ＫＦＣのマーケットは1500億円くらいが適正なんですよ。そんなに毎日は食べません。だから1500億円でいくらの経常利益が残ったらいちばんいいかを逆算しました。無理に売り上げを大きくしようとすると、全体がおかしくなってしまいます。それをやって、韓国や台湾では失敗に終わりました。

年に2回くらいは絶対買ってくれる利用頻度くらいがちょうど適正だと思います。ちょっと高いけれど、子供たちがおいしいと言ってくれれば、長続きします。一番怖いのは、無料でも食べないと思われることです。

現実に今の日本ＫＦＣの商売は安定していて、伸びもしないけど、減りもしない。人口が減少しているときに利益が減らないというのは、現実に伸びているということです。

ＫＦＣの成功以来、いくつものチキンチェーンが日本上陸をしているが、ひとつも成功していない。その理由は、「日本のマーケットをよく理解していないからだ」と、大河原氏は言う。アメリカで成功したものを、そのまま持ってきても、受け容れられるものではない。日本市場に合うようにとことんアジャストしなければならない、さらに、日本独自の商品開発を積極的に行わなければならない。この考えを推進してきたのが、大河原氏だった。
チキンフィレサンドも、クリスマス用のパーティバーレルも、実は日本発の商品であったと知って、驚かされる。商品の質に対する要求も、日本のほうがはるかに高い、と大河原氏。鶏肉も油も、その他の食材も最高のものを使わなければ、日本では受け容れられない。その追求が、日本のＫＦＣを、アメリカよりも上質の独自のチェーンに仕立て上げたのであった。

思わぬ発想から日本に定着した「クリスマスにチキン」

――創業の味を大切にする一方で、メニューは日本独自の商品を出していました。

これもアメリカの本部とずいぶん戦いました。日本では焼きむすびを入れました。それから

ＫＦＣはチキンとコールスローとポテトとロールパンが絶対原則だ、とアメリカは言ってきたけれど、それだけだと日本では売れないのでサンドイッチを入れよう、と。チキンサンドはＫＦＣでは日本が最初につくったんです。

――アメリカにはなかった？

そうですよ。日本ではマッシュグレービーは好まれないから、それに代わるものとして導入しました。それをオーストラリアが真似て、いかにも自分たちが最初にやったみたいに言っていますが（笑）。

クリスマスにチキンを食べるという習慣も日本でつくりました。まだ店舗が１００店になるかどうかという時期、何かチキンを食べるきっかけをつくろうと考えて、クリスマスを狙いました。カトリック系の幼稚園に売り込みをかけて、私がサンタクロースの格好をして、幼稚園のクリスマスパーティーに参加したんです。それからいろいろな学校から注文が入るようになりました。数年後、ＮＨＫにいた同級生が幼稚園のクリスマスを取材しに来てくれて、レポーターに「欧米でもクリスマスにチキンを食べるんですか」と聞かれた際に、ぐっと詰まったけれど「そうですよ！」ととっさに嘘をついてしまいました。それからクリスマスにすごく売れるようになりました。

――アメリカにはそういう習慣がなかったわけですか。

ありません。アメリカのクリスマスに食べるのは七面鳥ですから、ＫＦＣの店は休みです。

その後、日本ではチキンが爆発的に売れるようになりました。しかし、チキンを10ピース売ったとしても１２００円にしかなりません。そこで１９８５年に「パーティーバーレル」を開発・発売しました。このアイデアは寝床でひらめいたんですよ。温かい空気は上に行って、冷たい空気は下に行くでしょう。だからチキンとポテトとビスケットを上にして、間に断熱シートを挟み、アイスクリームとサラダを下に入れて、３５００円のセットにして売り出しました。

――「クリスマスはケンタッキー」という習慣が、日本で完全に定着しましたね。

これのポイントは予約制にしたことです。つくりだめをせず、つくりたてのチキンをお客さまに食べてもらおうと、８分ごとに細かく時間を区切って予約を受けました。

アメリカではマックもＫＦＣもミスタードーナツも、いわゆるジャンクフードなんですね。不健康だと思われているため、コンシューマーにとってもイメージがそれほどよくない。だから日本では、チキンが売れるクリスマスでも、つくりたてのものを出すべきだと思いました。

また日本でのユニークな点は、ＫＦＣの農場「ハーベスター八雲」です。せっかく三菱商事がやっている事業なのだから、岩崎弥太郎がつくった小岩井農場に範を取ろうと思い、農場を開設しました。これが88年のことです。

――これでブランドイメージが大きく変わりました。

はい。国産で産直、かつホームメイド、ナチュラル、フレッシュ、それが実現できました。安いチキンは他にもたくさんあります。

とくに「チャーチズ・チキン」が日本に来たときは、ＫＦＣは９ピースカットの一方で、向こうは８ピースカットを出していました。肉の大きさでは絶対に負けるわけです。すると、ＫＦＣが勝負できるのは、味と脂が少ない若鶏だろうと思いました。それで、サイズは小さくともおいしくて、余計な脂が少ないハーブ鶏をつくり、それが非常に売れました。

――当時はチャーチズが来て、「エル・ポヨ・ロコ」が来て、いろいろ出たけど、ＫＦＣの牙城《がじょう》は崩せませんでした。

おそらくチャーチズの誤算は、成長した鶏を８ピースに切ったことだと思います。成長した鶏は真っ黄色の脂肪が付くんですよ。この脂は臭いがあって、揚げれば揚げるほど脂が落ちるから、当然臭みが出ます。

また、鶏は成長すると血管が増え、がぶっと噛んだときに黒い血が出てくるため、日本人はこれを気持ち悪いと感じます。そういう基本的なことを彼らは理解していなかった。だから私たちは脂太りしていないフレッシュな若鶏を使いました。日本人はこちらのほうが好きだから、ジリジリと差が付いていったんでしょう。

――エル・ポヨ・ロコは？

エル・ポヨ・ロコはメキシコで流行ったコンセプトです。カリフォルニアにも多数ありましたが、どちらも平均気温が26度以上の土地なんです。

しかし、日本では冬に固くてパサパサになってしまうため、定着しませんでした。かつては全部で11ブランドが日本にありましたが、結局今はKFCしか残っていません。

キャリアの中でいちばんプライドを持っているのは1号店の店長だったこと

現在の大河原氏は、ジェーシー・コムサ（ジャスダック上場）の、代表取締役CEOである。ピザ生地やナンのトップメーカーであるが、製造のキメ所になる部分は、頑固に手づくりを守っている。質の高さが身上のメーカーだ。外食は、「一番どり」、「燦鶏」、「をどり」など、鶏主力のブランドを持っているが、元はといえば、KFCが開発し展開していたフォーマットである。ハーベスター八雲（北海道・八雲町）も、大河原氏がKFC時代につくったものだ。国産ハーブ鶏発祥の地として知られる施設である。道立公園の中心に位置する。今は、ジェーシー・コムサの経営下にあり、窯焼きピザやフライドチキンなどを提供する農場レストランとして、大人気を得ている。

――大河原さんにハーベスター八雲を売ってしまったのは、KFCのミスですか?

ミスでしょうね。まさか売るとは思いませんでした。アメリカサイドから「あなたの道楽で

ケンタッキーフライドチキンの試作農場として北海道内浦湾に面した八雲町に1988年にオープンしたハーベスター八雲。現在は、ジェーシー・コムサが運営する。

はじめたんだから買い取ってくれ」と言われました。彼らから見ると、ファストフードと牧場なんて一緒にならないわけです。こちらとしては是非もありませんが、この農場が好きだったので、退職金を全部はたいて買いました。買って3年は赤字でしたが、その後はずっと黒字ですよ。

これは運もありますが、ハーベスター八雲と海の間に高速道路を通すという話があった際、猛反対して高速を曲げさせたんです。そこへ道立公園ができて、公園の真ん中にハーベスター八雲が位置することになりました。これはラッキーでした。絶対に乱開発を認めず、牧場と白樺と煉瓦だけに囲まれた景観を30年守ってきたため、ハーベスター八雲は別世界なんですよ。それが注目されて、外国人が去年だけで23万人来ました。彼らがドローンを飛ばして写真を撮り、それをＳＮＳで発信するから、また人が来るのです。

――観光名所になった。

はい。のぼりを立てるといった乱開発を一切させず、ハーブ鶏発祥の地で、窯焼きのピザと原点のフライドチキンが食べられるというコンセプトを続けています。

――宿泊はできるんですか。

泊まれますが営業はしていません。なぜなら、地元のホテル旅館に迷惑が掛かるからです。だからハーベスター八雲は18時でクローズして、夜は地元の旅館で炉端焼きなどを食べてもらいたい、というスタイルをとっています。

――それではKFCとしてはちょっと……。

もったいなかったと思いますよ。今、私は八雲町の親善大使も務めていますが、八雲はSD《エスディ》Gs《ジーズ》（国連が提唱する「持続可能な開発目標」）のモデルの町になっています。森林、海、酪農、漁業といったものが全部ある体験・滞在型の町になりました。乳搾りから始まって、チーズづくり、アイスクリームづくりの手伝い、ホタテ獲り、とても楽しいんですよ。

今は上智大学、北里大学、日大の獣医学部と連携して、セミナー活動をやっています。私がリトアニア共和国の名誉領事になったので、リトアニアからも学生が来るといった、グローバルなスポットになっています。

――大河原さんも最初は八雲を押し付けられたのかもしれないけど、ハッピーですね。

大好きですからね。やっていて楽しいですね。

KFCからは「一番どり」「燦鶏」「をどり」といった焼鳥業態も引き取りました。みんな1号店のときから関わっていて、これらも伸びもしないけど安定しています。この人口減少時代、高齢化時代というのは、１０１％、１０２％くらいの安定がいちばんいいと思っています。
それから、従業員が働き方のバランスを取れるようにしています。土日営業型と土日休業型の店をつくって、子育てで日曜日に働けないといった従業員でも柔軟に働けるような環境を整えるようにしています。だからジェーシー・コムサは昨年、社員はほとんど辞めていません。

――優しい経営ですね。

アメリカのＫＦＣはカーネルの後ろ盾にピート・ハーマンという人物がいました。この人が金銭的なものも含めてしっかりサポートしていました。もう亡くなりましたが、表には出ないけれど大株主で、ハートのある本当のビジネスマンでした。この人に私が言われたのは、「人を大事にしろ。ちゃんと人の面倒を見てかわいがろうとしたら、その人たちがちゃんと面倒を見てくれる」ということでした。
それから、「素材は絶対変えるな」とも言われました。そういう点はものすごく頑固でした。ジェーシー・コムサは今、市場シェア72％のナンのトップメーカーに位置していますが、頑固に「手づくり」だけは変えません。機械化の誘惑はありますが、手づくりはやはり品質が違うんです。

――現在はコンビニがチキンを売り物の１つにしていますし、路面の唐揚げ店も増えています。他のチェーンも唐揚げを売り物にするところが増えています。ＫＦＣにアドバイスがあれば。

気にすることはないと思います。１５００億円と決めたら、周りがいくら増えようが減ろうが関係ありません。それで経常利益１５０億円を分配して、50社で分けたとしても3億円にはなりません。それを伸ばそうとすると、輸入に頼らざるを得なくなり、結局コンビニの購買力には勝てません。

それよりも国産鶏の価値を考えたほうがいいと思います。

――つまりチキンと油、この2つの素材が守れなくなったときは、ＫＦＣは危ない。

そうですね、あとはオペレーションですね。手づくりや店舗第一主義といったものは、今でも残っていると思います。私は自分のキャリアの中でいちばんプライドを持っているのは、１号店の店長だったということです。最初から店舗で、油まみれ、火傷だらけになってやっていたので、根っから現場が好きなんです。ＫＦＣには「カーネル会」というＯＢ会があり、私がボスを務めています。なぜなら私が三菱から来た社長ではなく、1号店の店長だったからです。そこはやはり違うんですよ。

（２０１９年9月30日）

先人たちの言葉

06

構造はファストフード、でも外見は「昔ながらの天ぷら専門店」を目指した

マクドナルド創業に青春を燃焼。

てんや創業者

岩下 善夫

1943年生まれ。大学卒業後会社勤めをしているときに、日本マクドナルドの創業者、藤田田氏に出会う。藤田商店に入社して、日本マクドナルド展開に参画。1971年7月、東京銀座に開業した1号店の店長を務める。日本でマクドナルドをチェーンとして軌道に乗せた立役者。4年後、独立して仲間4人とサンドイッチ店を開業するが失敗。その後、丸紅と日清製油（現日清オイリオ）の出資を受けて、1989年9月、東京駅八重洲地下街に「てんや」を開店。これが大繁盛となり、以後、順調にチェーン化を進めていった。「てんや」を経営するテンコーポレーションは、現在ロイヤルの傘下。

レイ・クロック氏は、はじめから藤田田氏にやらせるつもりだった

――てんやを創業されて、早や30年。岩下さんは、マクドナルドの日本での創業の推進者ですが、まず、マクドナルド創業からてんや創業までの、ご苦労話を聞かせてください。

うん。

僕が大学を卒業したのが、1966年（昭和41年）。就職難の時代でしてね。たまたま母親の弟、僕の叔父が、代理店をやっていたという縁で、1000人くらいの建材メーカーに入社しました。

車両の床に使う樹脂シートなんかをつくっている会社で、当時の国鉄とも、取引きがありました。

そこで、いちばんの花形の営業部に配属されて、入社早々から毎晩銀座の有名店などで、接待、接待ですよ。設計事務所の所長とかゼネコンの部長とかを相手にね。若いくせに、接待費なんかを使いまくっていました。

僕は大学ではゴルフ部でハンデ3だから、相手先も皆好きですから、そっちもよくやりまし

た。

そういうことで、けっこう大口の建場の注文が取れていたりしたのです。

――日本マクドナルドの創業者の藤田田《でん》さんとは、銀座のクラブで出会ったとか。

いや、しょっちゅう行っていた銀座のあるクラブのママが、面白いオジサンがいるから会ってみないかって言われてね。それで会ったわけです。

――田さんの第一印象は。

まあよくしゃべるし、声はデカいし、頭の回転は早いし、たしかに面白いオジサンでした。何度かご馳走になっているうちに、「岩下君、今度アメリカから面白い会社を持ってくることになりそうだから、手伝わないか」と、持ちかけられた。それがマクドナルドだったのです。

１９７０年（昭和45年）だから、もう半世紀も前だ。

話を聞くと食いもの屋だと。

僕はお客として飲み食いするのは大好きだったけれど、飲食店というと、親父がランニング姿で調理していて奥さんが運ぶという、ちっぽけな店しか思い浮かばなかったのだけれども、聞けばアメリカでは大きな産業になっている、マクドナルドっていう会社は、４０００店もあって４０００億円も売っていると。当時は、三越がダイエーに抜かれる前で、年商が３０００億くらいで、小売業では日本一でした。

「日本でもこれからどんどん忙しくなってきて、外で食べることが普通になってくる。面白い商売になるぞ」って、田さんは言うのですよね。
で、田さんはさらにね。「お前有給取れるか」と。僕は毎日忙くて、有給なんか取ったことがないから、「まあ、取れますよ」と言ったら、たたみかけるようにね、「アメリカに行って見てこい」と、こうですよ。

——相当せっかちですね。その話に乗る方も乗る方ですが。

そうね。会社員のまま出掛けちゃうんだからね。これが僕にとって初めての外国行きだったし、飛行機に乗ったのも初めて。

マクドナルドという店を見るのももちろん初めてで、店はでかいし、天井は高くて立派だし、従業員はピチッと制服を着て、キビキビ働いているし、ちょっと感動しました。

当時マクドナルドは、国外ではカナダにアメリカの直営で150～160店を出していましたが、正式に海外でジョイント・ベンチャーで出ようというのは、日本が初めてだったのです。その相手側の人間（僕のことだけど）が来ているというので、レイ・クロックさん自らが案内やらしてくれて、大歓待ですよ。

クロックさんの自家用ジェット、グラマンGⅡだったかな、それにも乗せてもらいました。

——もうその段階で、クロックさんは田さんにやらせようという腹づもりだったのですか。

大体決まっていたのでしょう。中内㓛《いさお》さん（ダイエー創業者）、堤清二さん（セブングループ創業者）、外食では江頭匡一さん（ロイヤル創業者）も接触があったというけれど、そこのところはよくわからない。

銀座1号店の建築時間は40時間。その責任者になった

――岩下さんが「やる」と決めたのはいつですか。

帰国してからすぐです。田さんに会って「やらしてもらいます」と言いました。

――前の会社は。

その前に、世話になった役員には相談をしました。

話をしたら、その役員、2～3分おでこを抱えてね、ずっと黙っていて、それから「お前そっちやれ、そっちのほうがお前の人生にとって面白そうだ」とこう言ってくれたのですよ。

その人には感謝しています。今もお付き合いをしていますし、僕の最初の結婚は、マクドナルドの社内結婚第1号だったのですが、田さんが「俺が仲人をやる」と言うのをお断りして、その人に仲人をやってもらいました。

それで、マクドナルドに飛び込んだのですが、その後僕と同じように一本釣りされて、佐藤

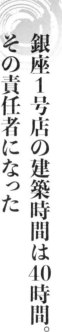

君（昂《あきら》氏、元日本ケンタッキー・フライド・チキン専務取締役）や加藤君（義明氏、元ジョナサン副社長）たちが、入ってきました。最初のメンバーは6人でしたね。

――マクドナルドの1号店は、1971年7月20日ですが、何で銀座三越の1階に出店できたのか。いまだに謎になっています。

真相は田さんの運の強さです。

ご存知のように、田さんはロンシャンやグッチなどの輸入販売業をやっていました。それを有名百貨店などに卸すわけですが、メチャメチャ儲かっていました。それが藤田商店ですね。

歩行者天国の顔となったマクドナルド1号店は銀座三越1階に、1971年7月20日にオープン。40時間の突貫工事だった、と岩下氏は振り返る。

東大法学部の3年の時に会社を興《おこ》して、田さんは当時は45歳でした。

当時で社員が100人くらいいて、100億円くらいの年商をあげていた。リッチマンでしたよ。

田さんと、後に三越の社長になる岡田茂さんとは、気が合ったというか、非常に仲が良くてね。

当時は岡田さんは、三越の支店長だったのですが、支店長というのは絶大な力を持っていたのです。

田さんにある日、「岩下君、いっしょに来てくれ」と言われて、岡田さんに会いに行ったのです。

田さんが岡田さんに、これからこういうビジネスをはじめる、と説明したところ、岡田さんの方からね、「わかった。銀座4丁目の角の三越の一角を準備するから、そこからスタートしないか」と切り出したのですよ。そのスペースが確か23坪でした。

――岡田さんのほうから。

そう。実に有難い話です。

ただしひとつ条件があって、三越は日曜日の午後6時に閉まる。月曜日は定休日、そして火曜日の午前10時に開店する。その間40時間、この40時間で店をつくってくれ、というものです。

――それもひとつの伝説になっていますね。

岡田さんは、どうも催事的なものとして興味があった節がある。そこで何年もやらせようとは、考えていなかったのではないか。

でも飲食店だから、排水、配線、空調いろんな設備工事が入る。業者もいろいろと入りますからね。

――ふつうに考えれば、無理だ。

田さんが「やれるかな」、と聞くので、僕は前の会社で工事はいろいろ見てきていたので、「やれないことはないですよ」と答えてしまった。そしたら、「じゃ、頼む」って、その場で責任者にされてしまった、というわけです。

――それからが、たいへんだ。

通りに面したデカくて重いショーウィンドーのガラスをはずすところからが、たいへんでした。傷付けずにはずして、別のところに保管しなければならない。

たった23坪ですから、通路も狭いし、標準仕様の厨房機器は入れられません。当時ミニマックという小型の厨房があって、その機器を入れました。

工事の内装というのは、現場で加工してサイズを合わせるという作業が欠かせないのですが、それができない。

ですので、業者には図面通りに進めるので、現場加工はいっさいやめてくれ、と頼みました。

そのために、株主でありバンズをつくった第一屋製パンの工場で、組み立ての練習を何度もやりました。

アメリカは「郊外店」を主張。郊外店は、住民の反対にあって開店できず

——別のところでノックダウンを繰り返した、というのも、伝説になっています。

別のところで、組み立ての練習をした、ということです。

でね、開店予定日の3日か4日前に、クロックさんが来たのですよ、日本に。例のグラマン

のガルフストリームⅡで羽田に飛んできた。

店はまだぜんぜん出来ていませんから、すぐにホテルオークラにお連れしちゃおう、と思ったのですが、1号店を見たいと言い出した。

やばい、と思ったけれど、連れていかないわけにはいきませんから、連れていきました。

現場を見たとたんにクロックさん機嫌が悪くなってしまいましてね。ブスッとしている。


——当然ですよね。


何もできていないんだからね。

それから、何やらブツブツ言っている。通訳の女性になんて言っているんだい、と聞いたら、「藤田田という男は詐欺師か」とつぶやいています、と（笑）。


——でも、店は開店日にちゃんとできた。


うん。

ホテルに迎えに行って、午前10時のセレモニーに案内したら、もうびっくりして、大喜びでした。

「ジャパニーズ・マジック」って言って、私のところに近づいてきて、固い握手をしてくれました。本当に驚いたみたいです。

でも、あんな工事はやるものではないですね。あとから直し直しでたいへんでした。


——トレーニングはどうしたのですか。

グアムにアメリカの直営店があって、そこに最初のチーム、15人くらいだったかな、を送って、そこで2～3ヵ月のトレーニングをしました。

――客席がなかったのに、初日から100万円を売ったとか。

いや、それは嘘でね。4つあったレジのひとつが初日にこわれちゃって使えなくなった。それで確か60万円台でした。

田さんは伝説をつくるのがうまくてね。その故障も、「売れ過ぎてこわれて火を噴いた」という伝説にしてしまった。そういう伝説をつくる天才です。

でも100万、100万と言っているうちに、本当に1日100万を売る店になっちゃったのですよ。

歩行者天国が1970年（昭和45年）の5月にはじまっていて、歩行者が歩きながらハンバーガーを食べるのが、かっこいいんだ、みたいなことになったのね。一種のファッションになった。

そういう点でも、田さんは運が強いんです。

こういうこともあって、100万円、本当に売れるようになったんです。

――当初、アメリカ側は、郊外立地への出店を強く主張していた、と言われています。

その通りです。向こうの強力な主張に日本側も折れてね、実際に郊外型の独立店をつくっていたのですよ。茅ヶ崎の公園の中にね。

ところが、住民の出店反対運動が起こって、それが頓挫しちゃったのです。

――田さんは、はじめから開店するつもりはなかった、アメリカを納得させるために目くらましでつくっていた、みたいにおっしゃっていましたが。

それは違います。住民の反対にあって、市からも中止の要請があったのです。でもこれが幸いした。第1号店を銀座に出して、これが大ヒットしたのですから、やっぱり田さんは、運の強い人です。

――その後も、繁華街出店が続きます。

そう。アメリカも、銀座店が当たったので、立地についてはは日本に任せていこう、ということで、その後は立地についてはロをはさまなくなりました。

日本では車ではなくて、歩行者をつかまえなければいかん。駅の近くであったり、大きな商業施設がなければダメ、ということが、わかったんですね。

――その後は順調に進んだのですか。

いや、そんなことはない。僕のいる間（5年間）でも、5～6店は閉めたかね。下町に出ていくと、あまりいい数字が出ない。最初はワーッとお客が集まるんだけど、それが続かないんだ。

1号店はミニマックでしたが、その後はレギュラー仕様で、キッチン機器がとんでもなく重装備なんです。どれもコンピュータ制御になっていて一日中、電気もガスもつけっ放しです。月商1000万円売れば、水光熱費が4～5％で収まるのですが、600万、700万になると、15％にまでハネ上がってしまう。あっちは、水光熱費が安いからね。

でも、大筋で順調に成長していたことは、間違いない。マクドナルド、給料もよかったですからね。

――マクドナルドを辞めた後、創業の仲間と、「サンデーズ」というサンドイッチのチェーンをはじめますよね。でも、失敗します。

そう、でも、あれはいい薬でしたね。

最初の会社で、接待費を使い放題使って、マクドナルドに入ってうまくいって、胸に手縫いのゴールデンアーチがついた三越特製の紺ジャケットを身に着けて、誇らしかった。あれで、独立しました、うまくいきましたでは、とんでもない男になっていたと思います。失敗してよかったのです。

「天ぷら専門店」は潜在市場は十分あるのに、職人を必要とする外食領域だった

――いよいよてんや創業のお話をお聞きします。岩下さんが天ぷらに着目した理由は、何だったのですか。

てんや創業者／岩下善夫

まず和に興味があったのね。

和食といえば、刺身、すし、とんかつ、天ぷら、うなぎでしょ。

当時刺身は、センターでさばいて柵にして各店に配送して、リーズナブルな価格で提供する刺身居酒屋が、少し出始めていた。すしは、ぐるぐる廻りで明朗会計で家族で楽しんで食べられる店が増えてきていました。

うなぎは、当時三菱商事がうな菊という店を12、13店出していた。

７００円くらいでうな丼を提供していて、いい企画だなーって思っていたのだけど、素材の問題で行き詰まっていました。

天ぷらというのは、日本中どこに行っても食べられるでしょ。潜在市場は大きいのではないか、って考えたのです。

それから、素材はたいしたことないと言うと語弊《ごへい》があるけれども、どこにでもある素材を、衣にくるんで高温で揚げると、味が中に凝縮されて、何でも本当においしくなるのね。かき揚げなんて、その典型でしょ。それから、白ギスでもメゴチでも、煮ても焼いてもしょうがないような小魚ですが、これを背開きにして揚げると、すばらしい味の天ぷらになります。

これは、焼くでも煮るでも蒸すでもできない。天ぷらは衣包みの高温の蒸し料理と言ってもいいのかな。それに僕は魅力を感じた。


――でも、揚げるという工程で、プロの職人の技術とカンを必要としますね。

うん。それから、魚の下ごしらえにえらい手間がかかる。当時の天ぷら専門店でも、板前が半日かけて仕込みをやっていました。

僕、好奇心が強いから、やる前にずいぶん天ぷらの職人さんに会って話を聞いたんだけど、この下ごしらえがたいへんなんだ。

揚げるという部分では、職人さんたちは、温度が大事とか揚げの色とか、いろんなことを言うのね。

でも、要は、油の温度と時間なんですよ。

こっちは最初から「職人レス」でいこうと思っているから、この時間と温度をコントロールできるフライヤーさえ開発できれば、職人問題は乗り超えられる、と思った。

――マックでも、フライヤーは大事なマシンだったわけですよね。

冷凍ポテトをフライヤーで揚げるんですが、やっぱり油温と時間がセットされている。それから話が変わるけど、マックで学んだことは、テイクアウトが大事だということ。ファストフードはテイクアウトで稼ぐというのは、わかっていました。

その点でも、天ぷらは強い。

製造能力さえキチッと持っていれば、テイクアウトで一定比率稼げます。

――潜在市場があって、テイクアウトにも強い。しかも市場はガラガラだった。

支店経営で多店化しているところはあったけれど、やはり職人さんを必要としていた。

僕はファストフードとして仕組みをつくりたかったので、そういう支店経営とは方向がぜんぜん違いました。

ただファストフードといっても、マクドナルドやKFCのようにキッチンのマシンが丸見えのものではなくて、仕組みはファストフードでも、お客さんから見ると、昔ながらの和風の天ぷら専門店、という形にしたかった。お客さんにも揚げる音がちゃんと聞こえて、シズル感というか、臨場感はちゃんとあってね。

そこに老若男女、広い客層が集まってくれる。そういう店ができないものかなー、と考えていた。

エビの養殖池プロジェクトを持っていた丸紅が話に乗ってくれた

――丸紅と日清製油（現日清オイリオ）の出資を仰ぎましたね。これはどういう経緯で。

僕の学生時代の1年先輩で、日興証券の企業情報部のマネジャーをやっている人がいましてね。その人に丸紅を紹介してもらった。

――丸紅は当時デイリークイーンをやっていましたね。

1号店からFCでやっていたのですが、ぜんぜんうまくいっていなかった。プロがひとりもいないのですから、どだい無理ですよ。

で、水産部第三課の坂本徹郎さんという人に会って、計画を話したところ、「面白い、岩下さんすぐやろう」と、トントン拍子で話が進んでいった。

この坂本さんという人がスゴい人でね、迷うことなく話を進めていってしまう。もう亡くなってしまったけれど、ずいぶんお世話になった。

丸紅の社風もよかったんだね。新しいビジネスにどんどん取り組んでいこう、という進取の気性にあふれていた。

当時坂本さんのプロジェクトで、タイに世界一のブラックタイガーの養殖池をつくる、という計画がありましてね。

エビの養殖から胃袋まで一気通貫でいける、という読みが、坂本さんにはあったのだろうね。

結果的には、エビは丸紅から1本も買わなかったのだけれど(笑)。

――岩下さんから丸紅に要求したことはありましたか。

2つお願いをしました。

ひとつは、モノを押し付けないでください、ということ。

いろいろな商社の話を聞いていて、総合商社というと、あれ買えこれ買えって、いろいろなものを押し付けてくるものだと。食材だけではなくて、厨房機器も何でもかんでもです。それはカンベンしてください、と言いましたね。坂本さんは「わかった」と。また坂本さん以後の担当者も、その約束はキチッと守ってくれました。

もうひとつは、50億円まで店の借り入れの保証を銀行に切ってくれと、これもお願いした。飲食業はすぐに店での利益が出ません。うまくいっても、半年くらい経ってようやく利益が出はじめる。そういう業種です。

スピードを上げて店を出せば出すほど借金が増えてきます。そこのところを理解してほしい、と言ったのですが、これも実行してくれました。

だから、丸紅の坂本さんとの出会いがなかったら、こんなにうまくスタートが切れなかったと思う。

——日清製油は。

これも坂本さんの提案でね。どこか1社メーカーを入れましょう、そのほうが研究所は使えるし、何かと好都合です、と言われた。その通りでしたね。

それで日清製油にお願いに上がったところ、ここもまた結論が早いんだ。10日ぐらいで「ぜひ出資したい。できるだけ多くの株を持たせてください」という返事があった。

ここもまた社風のいい会社でね。毎朝、会長、社長の部屋に役員がお茶持って集まってきましてね、そこでどんどん話が決まっちゃうんです。

日清製油に出資してもらって、これも本当によかった。研究所のテストキッチンは自由に使えるし、油の勉強もずいぶんさせてもらいました。

結局、出資金は1億円で、丸紅が70％、日清製油が25％、僕が5％という比率になった。僕は集められる金が5００万円しかなかったので、5％になったけれども、後で増やしてもらって、株式公開時には、10％近くの比率になりました。

名古屋のメーカーにつくらせたオートフライヤーが大活躍

――1号店は、1989年（昭和64年）9月、東京駅八重洲地下街の中でした。


バブル経済の真っ只中でしたから、物件なんてぜんぜん出ないんです。四苦八苦しているときに、喫茶チェーン「マイアミ」のオーナー、山根泰治さんにお会いすることができ、1号店の物件を紹介されたのです。

山根さんは当時1００店くらいの外食をやっていましてね。喫茶店は、上高地とかグレコというのもやっていたな。酔心という居酒屋もやっていました。

八重洲の地下街の中でも5店くらいやっていて、僕の話を聞いて、「それじゃ、うちのひとつを使いなさい」と言ってくれました。地下街のいちばん奥で、当時はいちばん悪い立地でしたが（笑）。

それが1号店になったというわけです。

――話が前後しますが、キッチンの「職人レス」の問題は解決したのですか。

結局、製品としては存在していなかったので、独自にオートフライヤーを開発しました。以前、建材の営業マンをやっていたときに、床材をおさめている会社の工場で、20ｍくらいの長〜いオートフライヤーを見たことがあったのですよ。端に素材を入れて、揚がったやつがもう一方の端からポロポロ落ちてくる。それを見ていたので、あれを思い切り縮めて、温度コントロールを機械に組み込めばできるな、という考えは、頭の片隅にあった。

マクドナルドの設備を担当していた友人から、「名古屋で面白いメーカーがあるよ」って紹介されて、そこに駆けつけたら、技術系の社長でね、この人がすごく乗ってきてくれまして、採算なんか関係なく開発に取り組んでくれた。ずいぶん試行錯誤を繰り返したのですが、開店直前にようやく試作品ができて、ギリギリ間に合いました。

――開発で苦労したところは。

結局、フライヤーの温度ですね。投入を多くすると、どうしても温度が下がってしまう。これをすぐに回復させる、ここのところを実現させるのに、いちばん苦心をしました。

完成したときに、(前に勤めていた)「玄海」のベテランの調理人をこっそり連れて行ってね、この機械で彼に揚げさせたのだけれど、「これは凄い。5人分くらいの仕事をしてくれる」と、ぶったまげちゃってね。

それを聞いて、これはいけるなと確信しました。


――実際に店で稼働させても、問題は出なかったのですか。


大丈夫でした。

当時500円硬貨が出てしばらくの頃で、ワンコインをメインの価格にしようと決めていました。

当時はそこらのそば屋でも、700円、800円取る。

ちゃんとした天ぷら屋だとランチでも1000円近く取る。

その中でのワンコインだから、半値の感覚ですよね。初日から大行列ができて、大繁盛です。

30坪弱の店で、確か、初日で50万60万売ったんじゃないかな。

それだけ売っても、フライヤーはビクともしませんでした。


――初日からオペレーションはスムーズにいったのですか。

いやいや。チラシ1000枚配っただけだったのですが、開店前に200人のお客が並んで、隣近所の店からクレームは出るし、整理にたいへんでした。開店直後40席が最初のお客でワーッと埋まったら、それから20何分も出てこないんだ。

昼休みだから怒って出ていってしまうお客さんもいたし、そこに丸紅の役員はやって来るしで、冷や汗ものでした。

でも、需要があることはわかった。あとは内側、とくにキッチンの問題だから、大丈夫。その日のうちに落ち着いて、あとはうまく流れるようになった。

――天丼中心でしたか。

昼間はどんぶり4品だけで、7割が天丼。いったん店をクローズして、夜は定食がプラスされる。

木札がありまして、あなごとかめごちとか、グランドメニューにない単品もので夜お酒を飲む、そういう使い方をするお客もいたな。

――テイクアウトは。

最初からテイクアウトが3割。さきほども言いましたが、これがファストフードの強いところです。

テイクアウトを重視して、それ用の商品を開発していましたから、最初からよく出ましたね。

職人のいる店では、こうはいきません。

てんや1号店は丸紅と日清製油の出資を仰ぎ1989年9月、八重洲地下街にオープン。30坪で初日50万円を超える大ヒットとなった。右から2番目が岩下氏。

倍々の出店に人材育成が間に合わず一気に客数が下落

——1号店が爆発的ヒットをして、その後も挫折もなくスムーズにチェーン化が進んだ。

とんでもない。挫折というよりは、ゴツゴツ壁に頭をぶつけ続けた、と言ったほうがいいかな。でも悩んでも仕方がないので、とにかく前に突き進みました。不思議なもので、進み続けると道が拓けるんだね。筋道が見えてくる。だからとにかく、事業は壁にぶつかっても前に進まなくちゃダメなんです。

——しかし出店は順調に進んだ。

そう。開ける店開ける店1０００万円以上売れるんだから、倍々の出店で、4年目には1年で15店出しました。明らかに出し過ぎです。その頃から、人材が粗製乱造になってきた。

——店長育成が間に合わない。

その通りです。採用した人間を3ヵ月～4ヵ月で店長にしていましたから。そうしないと追っつかない。

——それはガタつきますね。

もうガタガタです。商品のクオリティが一気に下がってしまった。

てんやはオートフライヤーだから技術は要らないのか、というとそういうものではないんですよ。

てんやはてんやの技術が要るのであって、それを習得するために一定の期間が必要です。

それを経ていないのだから、商品のレベルが下がるのは当たり前です。

お客さんは正直なもので、客数低下です。売り上げが即対前年比で15％割れをしてしまった。


——創業以来のピンチ。どういう手を打ったのですか。


まず出店を止めた。契約を完了している店は開けましたが、立地開発をすぐにストップしました。

それから、取り引きしている米問屋さんが人形町に持っていた倉庫を借り、そこにトレセン（トレーニングセンター）をつくって、集中的にスキル教育をしました。技術の底上げを図ったのです。

それでも、クレームは多かったですし、なかなか店のオペレーションレベルは上がらない。

徐々に客数は戻りましたが、いったん落ちた評判を引き上げるのがどれだけ難しいか、実感しました。


——岩下さん時代の出店を見ていますと、駅前中心ですね。郊外はほとんど出していませんね。

否定したわけではなく、いずれはと考えていました。でも、まだまだ駅前に出せる立地があったので、結果的に郊外店は出さなかった、ということです。

――出店で注意した点は何ですか。

オフィス街は避けていたね。

平日昼間はメチャメチャ売れるんだけど、夜は盛り上がらない。土日祝日が休みで、1年で100日以上ダメなんですよ。これは今でも通じることだけど、純粋なオフィス街は危険です。

丸紅は業績悪化でてんやを手放すことに

――いろいろ壁はあったにせよ、大筋では順調にチェーン化が進んでいたてんやを、なぜ岩下さんは手放すことになったのですか。

いよいよ、そこに来ましたな。

2001年（平成13年）かな、丸紅が海外の事業でエラい特損を出して、国内事業の整理を余儀なくされたのです。

今でも憶えていますが、900円台だった株価が58円にまで落っこちてしまった。

てんやもその整理、というか買却の対象になってしまった。

どこかいい会社があったら株を譲りたい、という話が出ましてね。

てんやの業績も、悪い時期でした。

買却話の前に、少し業績が下がってきたときに、すぐに合理化策をいろいろ出されました。そして、社員の給料を下げろ、と言ってきた。それからリストラもやれと。

このことは社員の誰にも言ったことはないんだけど、それは僕がこの会社をつくってやりたかったことに反するので、断りました。

僕はアホみたいに社員が幸せになる会社をつくりたい、とずーっと思い続けてきた。社員が幸せにならずに、どんどん辞めていくような会社をつくったって意味はないし、僕がやっていく意味もない。


——そういうときに買却話が出てきた。


そうです。僕は逆にこれはＭＢＯの可能性があるかな、チャンスかなとも思ったのですよ。

買却話というのはすぐ広まるものでね。50億出します、60億円出しますというファンドが現れてきました。

話を聞くと、会社の株を全部ダミー会社にあずけて、残りの20億円で全店リニューアルすると。そこはいいんだけど、その後毎年25％の利益を出して、３年で時価総額を倍にして、なんて話で、これはちょっとしんどいな、こんな話に乗ってはあかんな、と思って、結局断りました。

外食企業大手でM&Aが好きなところというと、どこかわかっちゃいますが、そこも手を挙げてきた。けれども、僕はそのトップの考え方、やり方が昔から嫌いでね。

あそこは、買収すると、すぐに本部を解体してしまうんです。

本部機能はぜんぶ本体がまとめてやる。

これをやれば、本部費は要らなくなって業績は上がりますよ。でも、リストラ以外の何ものでもありません。そういうところに、てんやを渡したくなかった。

――社員は幸せにはならない。

うん。もっとも、幸せになるためには、会社が強くなければならないのですがね。

――一般的には、ファンドの資金を導入して、自分はトップとして残る、という方法もあります。

それも調べました。

でも、ファンドは入り口ではうまいこと、やさしいことを言うけれど、数字がともなわないと、経営にどんどん口をはさんできます。

結局、同じなのですよ。

――ロイヤルとはどういう形でつながったのですか。

丸紅の紹介です。

ロイヤルといえば、外食の名門ですし、江頭さんとも何度もお会いしていました。「うちに来ないか」と江頭さんから誘われたこともありました。

商品を大事にする会社ですし、店も大切にする。ロイヤルさんならばいいですよ、と僕はすぐに返事をした。

最初に会ったのは、当時社長だった今井（教文）さんと、現社長の菊地（唯夫）さんでした。菊地さんは優秀で論理的ですが、お固い金融から来た人とは思えないくらい、柔軟な考えのできる人でね。へー、こういう人がいるんだ、と感心したのを憶えています。

話がとんとん拍子にまとまったのも、菊地さんの力が大きい。

――そうしてロイヤルと話がトントン拍子にまとまったわけですが、なんで岩下さんがトップとして残らなかったのですか。

そこなんだよね。

いずれ引退するんだし、いい潮時だと思ったんだね。67歳になっていたし。

それからもうひとつ事情があってね。

これは個人的な問題なんだけど、僕は東京の渋谷区で生まれ育ったのですが、生家の土地が200何十坪あって、それが道路の拡幅にひっかかって東京都が収用することになった。

――お金持ちのお坊ちゃんだったんだ。

顔見ればわかるでしょ（笑）。

その補償金がおりるという。その金で、2年以内に代替物件を買いなさい、と。さもなければば所得税が課せられますよ、と言うんだね。

おふくろの分もあるし、僕の分もあるし、細かい話をすると長くなるんだけど、とにかくややこしいんだ。

新しい買い物をして、それをクリアして、パズルを解く、それを2年以内にやらなければならない。

そっちに専心しなきゃやれんな、ということもわかったので、会社からは身を引くことにしたのです。

——土地問題は解決できたのですか。

何とか無事に。

結局、最終的には個人で多額の納税をしましたけれども。

外食は商いの原点。どうせやるなら独立を目指してもらいたい

——今振り返ってどうですか。マクドナルドの藤田田さんと出会って、てんやを興して、成功させて、引き際よくいい時に身を引くことができた。幸せな人生です

よね。

うん。そうかも知れないね。

外食というメチャクチャ面白い領域に引き入れてくれた田さんには、本当に感謝しなければいかんな、と思っています。

外食をやって半世紀以上になりますが、こんなに面白いビジネスはないね。商売の原点、仕事の原点、世の中から稼がせていただく元の仕組みそのものだと思うのですよ。

店に食材が届いて、それを調理加工して、盛り付けして、目の前でお客さんが食べてくれて、おいしかったよと言ってくれるか、ムッとして残して帰ってしまうか、とにかくそこでお金をいただける。

ひとつの店に商売の全部が盛り込まれているんです。

こんなビジネス、他にないでしょ。

大企業に入って人生の大半を過ごす人が多いけれども、でかい会社で勤め上げても商売のほんの一部しか触れられないわけです。技術屋さんならば現場、営業ならば営業、経理なら経理、人事ならば人事。そこだけのプロで終わってしまう。

つまらんでしょ。だから独立して事業を興そうとしても、とてもできない。そもそもそんな考えを持つ人が少ないですけれども。

外食は違う。飲食店は店の中でぜんぶ経験できる。

携《たずさ》わった人は皆チャンスがある。

このチャンスをもっと生かすべきでしょうね。

もともと資金は少なくても起業はできますし、はじめるにあたっても、保健所に届けるぐらいで規制というものがほとんどない。

資金だって、僕の場合は丸紅と日清製油に出してもらったけれども、いろいろな集め方が今はできます。

僕が若い人に言いたいのは、こんな面白い商売はないんだよ、ということです。

でも、今外食に勤めている人で、よし俺も独立してやってみようという人がどれだけいるか。

――独立志向は弱まっています。

いいポジションにいながら、もったいないね。

自分が本当に社長になった気持ちで仕事に取り組めば、この仕事の面白さがわかってきます。

それは会社のプラスにもなることですからね。

独立する気概を持って、前向きに取り組んでくれ。これが今の若い人に私が言いたいことです。

（２０１８年11月30日、２０１９年1月31日）

先人たちの言葉
07

〝ちゃんぽん市場〟を自らつくり上げ独走態勢を構築！首都圏のぶ厚い壁を打ち破って全国化の道が拓けた

リンガーハット会長
米濵 和英

1943年生まれ。1962年とんかつ浜勝（長崎市鍛冶屋町）を創業。長兄米濵豪氏が44歳で早逝し、1976年、32歳で社長を継ぐ。1974年8月に長崎ちゃんめん（現リンガーハット）1号店を長崎しにオープン。以後、長崎の郷土料理ちゃんぽんを日本中で通用する商品に育て上げ、リンガーハットを全国チェーンに成長させた。ことに早くからの郊外立地の開発、NPSを採用して1個づくりの製造システム、国産野菜使用など画期的な経営手法を次々と繰り出てきた。このリンガーハットと祖業のとんかつ濵かつの2本柱で展開する。

江頭社長にほめられたことがはげみになった

ロイヤルの江頭（匡一）社長が、１９７９（昭和54）年の正月３日の西日本新聞の対談記事で、われわれのことを話してくれました。「九州の外食で次に上場できるのはリンガーハットだろう」と言ってくれたんです。

福岡に出てきたばかりでしたし、西日本新聞は長崎まではカバーしていませんでしたから、私は購読していなくて、知人が「出てるぞ！」と教えてくれました。すごくうれしかったですよ。その前年にロイヤルさんは、福証に上場したばかりで、飛ぶ鳥を落とす勢い、まさに外食業界のトップランナーでしたから。

そこで、１週間ぐらい後にカステラを持って、次兄（当時会長だった米濵鉦二《せいじ》氏）とロイヤルの本社にお礼に伺いました。江頭さんは「あなたたちでしたか」と言って、温かく出迎えてくれました。

「ライバルではありませんが、食べ物屋としては、長崎ちゃんぽんのリンガーハット。みごとな経営です。九州の食べ物屋のうち将来の上場企業候補ナンバーワンですね」

（江頭匡一氏・1979年1月3日の西日本新聞からの抜粋）

リンガーハットは1962年、米濵和英会長の長兄である故米濵豪氏が、長崎市鍛冶屋町に「とんかつ浜かつ」を開業して創業した。和英氏は同じ年の2月、郷里の鳥取から長兄の誘いで長崎にやってきたばかりだった。その後、卓袱《しっぽく》料理店や喜々津《きぎつ》浜勝を出店し、1974年8月に長崎ちゃんめん（リンガーハット）の第1号店を長崎市宿町にオープン、長崎市内に11店舗を展開した77年末に二日市店で福岡に進出する。ちなみに、米濵豪氏は肝臓がんのため76年、44歳の若さで志半ばにして亡くなり、和英氏がその後を引き継いでいた。

話は少し前後しますが、78年に福岡に集中出店しました。10店近く出したと思います。江頭さんはその福岡市内3店目の姪浜店の近くにお住みだったそうで、開業前からずっと注目してくれていたそうです。

――普通の発想なら、長崎発であれば、佐世保につくって、嬉野につくってと、少しずつ東に向かうと思いますが、一気に福岡に飛んだのは？

チェーンストア経営研究会の「ペガサスクラブ」を主宰していた渥美俊一先生から、「新しい商勢圏をつくって、そこを運営することによって会社が強くなる」という指導があったからです。

――長崎に11店のときに、1年間でそれ以上を福岡に出したのですね。かなり、無茶な出店だったのではないですか。

当時は、ロイヤルさんも、すかいらーくさんもみんな倍々ゲームで、とにかく熱い時代でしたから。でも、79年の夏頃から、うちはおかしくなってきました。組織もできていないのに、出店ばかりしていたわけですから当たり前です。そこで、1年間出店を止める、と宣言したんですが、1年間ぐらいは止まらないんですね。もう、出店予定が決まっていますから。

この出店ストップには、もうひとつ予感のようなものがありました。吉野家さんの200号店突破のパーティが78年にホテルオークラであったんです。とても華やかなパーティでした。吉野家さんはまさに1年間で倍増の大量出店だったのですが、その2年後に倒産することになります。われわれはやっとその頃に、出店を止めることができました。

チェーンレストランの出現に強い刺激を受けました

また、話は前に戻りますが、そもそも、長兄はビジネスのアイデアの宝庫で、とんかつだけでなく卓袱料理や鉄板焼とすき焼の店など、次々にいろんな店をオープンしました。しかし、70年に万博が開催されたあたりから、様相が変わってきた。

万博のアメリカ館でのロイヤルの成功は語り草になっていますが、ちょうどその頃、すかいらーくやミスタードーナツ、マクドナルド、デニーズなどが相次いで登場していました。外食産業やチェーンという言葉が飛び交い、業界は一気に花が咲いたような、華やかさでした。

われわれはチェーンとはなんぞや、というところから勉強しなければと思い、いろんなＦＣの説明会に参加したりしました。しかし、渥美先生から「鶏口《けいこう》となるも牛後《ぎゅうご》となるなかれ、ジーになったらぬるま湯から抜け出せなくなる」と言われたのが、良かった。

そこで、ちゃんぽんに注目したのですが、長崎のちゃんぽん店は華僑の方が多く経営していて、その方たちと真っ向勝負みたいになるのは良くないな、と悩んでいたんです。

リンガーハットは、米濵豪氏が長崎で「とんかつ浜かつ」を開いたのが始まり。44歳で早世した長兄である豪氏の後を四男の和英氏が引き継いだ。

すると、長兄は、三兄（米濵昭英氏）の友人が山口県の宇部市でやっている「長崎ちゃんめん」という店に目を付けました。「ちゃんぽん」ではなく「ちゃんめん」とすれば、現代風でいいな、と思ったのです。その頃、次男の鉦二が責任者として、日立製作所を退職して入社しました。

そこで、その宇部の会社と契約しました。ＦＣというよりも、長崎ちゃんめんという店名の九州での使用権を買う、という形でした。先方も「浜勝さんは会社組織がしっかりしているから、そのへんを勉強させてください」という意向で、フィフティフィフティの共同開発、という了解のもとでスタートしました。

そして、74年、長崎市宿町に1号店を開業しました。共同開発契約ですので、こちらが独自でつくった店舗の図面も見せることになっていました。また、商品についても同じで、スープを独自に開発すると、それも流れる。すぐに同じ店、同じ商品が出るのです。

山口県宇部市を本拠地にしていたその会社の出店はＦＣ方式でした。一方、われわれは直営1本です。ＦＣだとどうしても店が荒れがちになります。こうしたことの積み重ねで、このままでは関係がぎくしゃくしてしまうのでは、と思い、12店目、すなわち、福岡1号店出店のときに、その会社との契約を解消し、新たな店名をリンガーハットとしました。

ちなみに、この店名は、幕末にイングランドから来日し、長崎の上水道建設などに貢献してくれたフレデリック・リンガー氏にあやかりました。長兄が名づけました。福岡出店はこうしてスタートしたのです。

福岡進出は大成功。しかし、首都圏では苦戦を強いられました

――首都圏への進出も早かったですね。

首都圏の1号店である大宮バイパス与野店は79年の末に出店しました。ほんとうは、まだ関東に出ていく体力はなかったと思います。しかし、急がなければならない理由がありました。というのは、宇部のその会社は、FCで関東にも出店していて、うちと同じとんがり屋根の店舗です。わが社は直営の方針を貫きました。品質やサービスのレベルを落としたくなかったからです。ただ、お客さまの目からは店舗が似てるだけに、同じチェーンに見られかねない。だから、早くリンガーハットのブランドを首都圏でも確立しておかなければならない、とあせったのです。

幸いにして、この1号店はまずまずのスタートを切れましたが、じつは、この店は土地を買い取っての出店です。というのも、首都圏では知名度がなく、信用してもらえず、借りることができなかったのです。この1号店をショールームにして、そのあとは借りることができましたが、逆に、それらの店は営業的にはなかなか軌道に乗りませんでした。

その後も、首都圏に出店を行いましたが、全体が儲かるレベルに達するまでには、20年近く

かかっているんです。
首都圏の展開は、当初から次兄（鉦二氏）の担当でした。福証に上場した85年頃も、次兄は「首都圏にもっと出したい」と言うのですが、上場のためには全体の業績を整えなければなりませんから、「首都圏は抑えて」と説得していました。首都圏の店舗は赤字の店が少なくなかったのです。

――それでも上場できたということは、福岡など、九州での業績がかなり良かったということですか。

そうです。ですから、いわば首都圏の店はドラ息子で、ずーっと九州から仕送りをしているような状態でした。福証への上場の頃、ちょうど１００号店１００億円で、利益が６億円でした。あの頃は１店の年商１億円は当たり前でした。

リンガーハットの１００号店は福岡大橋店で、80年６月の開業。同年10月に福岡証券取引所に上場を果たす。その時点で、首都圏は９店舗だった。

――しかし、それだけ福岡でヒットして、逆に首都圏で苦しいという状況だと、普通なら「ちゃんぽんはやはりローカル商品なんだな」と考えてしまいそうですが。

地方から首都圏に進出する場合、意地でもやるぞ、というくらいの考え方じゃないとうまくいきませんね。東京では「ちゃんぽんってなに?」というお客さまも多かったし、スープが白いので、「牛乳が入ってるんですか」と聞かれたこともあります。現在は海外で苦労していますが、やはり珍しい商品は受け入れられるまでにそれなりの時間がかかると思います。成功を信じてあきらめないことですね。その意味では、鉦二兄の存在は大きかったです。

でも、ほんとに苦しいときには、イタリアンでもやってみようかとか、浮気心が出たことはありますが、ぐっとこらえました。

首都圏での不振は、われわれにとって200店の壁でもありました。80年代後半でしたから、今思えばまさにバブル景気の真っただ中です。地価は高いし、われわれにはなかなか手が出ない。そうした要素もありましたが、こちらサイドの要因ですが、大問題として浮上してきたのが、「あの店はおいしいけど、こっちの店はおいしくない」とか、「日曜日に1時間待たされた」というクレームが示すオペレーションの乱れです。いかにして、おいしさを保ちながら、作業を簡略化してばらつきをなくし、調理時間を短縮していくかが、大きな課題となりました。

首都圏第1号店の大宮バイパス与野店は1979年9月オープン。ちゃんぽん文化のないエリアで当初は苦戦したが、200店の壁も克服し軌道に乗せた。

NPSとの出会いが新しい調理システムにつながりました

——それを解決するために新たな調理システムを導入しましたね。その経緯を教えてください。

80年頃からQCサークルを実施していて、全国大会に出たりしていました。受賞も多かったのですが、何回賞をもらっても現場では何の変化も起こりません。

そんなとき、取引があった紀文食品さんの工場を見学させてもらったのですが、システムがすばらしかった。そこで、紀文食品さんを指導している先生にわが社の工場を見てもらいたいとお願いしました。

鳥栖《とす》の工場で浜勝のチーズを入れたカツを6人でつくっていたんですが、先生は30分くらい見ていましたが、少しずつ指示を出し始めて、とうとう同じ仕事が2時間のうちに3人でできるようになったんです。すごいな、と感心しました。

これが、NPS研究会との出会いでした。さっそく入会しようと思ったのですが、1業種1社というルールがあり、外食業ではすでにすかいら一くさんが会員だったのです。そこで、茅野亮《たすく》社長（当時）にお願いに上がりました。わが社のことをよくご存じで、「あなたのところはTQCとかをやってらっしゃる。あれもこれもやる必要はないのでは」と断られたのです。85年頃のことです。

NPS（New Production Systemの略）とは、「かんばん方式」や「ジャスト・イン・タイム」として知られたトヨタ生産方式を「経営の思想」と捉え、異業種の会員会社が学び・実践することで製造業としてのさらなる進化・発展を目指す研究会。1981年に発足した。

そして実際に入会できたのは、それから9年後の94年です。当時、いくつかの要因が重なって、わが社は経営的にかなり追い詰められていました。もうNPSしかない、という思いでもう一度茅野社長にお願いし、「あなたがそこまで言うなら」ということで、その場で協会の理事長に電話していただき、入会することができました。地元の企業の推薦もいるということで、北九州市の三井ハイテックさんにもたいへんお世話になりました。

――具体的には、どんなことをするのですか。

ひとつにはジャスト・イン・タイムですから、必要なものを必要なだけ、という基本的な考え方があります。これを実践していくと、これまで在庫に関して、冷蔵庫が足りないと言っていたのが、余ってくるわけですよ。約6億円分あった在庫が3億円分になりました。キャッシュが3億円戻ってきたようなものですし、在庫が少ないということは、食材がそれだけ新鮮になる、ということです。それがひとつ。

そして、NPSには必要なものを自分たちで全部つくるという思想があります。豚肉をカットする800万の機械を2台買いたいと相談すると、「これは自分たちでつくろう」というのです。当初は意味がよくわからなかったのですが、先生の指導もあって3ヵ月で完成しました。しかも費用は1台160万円くらいでした。

――そこから、NOS（新調理システム）に向かっていくわけですね。

NPSの委員長が来られて、最初に言われたのが「1個づくりにしないとだめだよ」です。でも、どうしていいかわかりませんでした。そこから全店へのNOS導入には10年かかっています。

――そういうシステム化の蓄積があったからこそ、フードコートにもスムーズに入れたんですね。

あれがなかったらフードコートはぜんぜんダメだったでしょうね。以前にも出てるんですが、そのときは大失敗でした。お客さまを待たせるし、商品のばらつきも大

富士小山工場のチャーハンライン。「必要なものを必要なだけ」というNPSの基本的な考え方が貫かれる。工場は他に佐賀と京都にある。

きかったのです。

――かなり初期からCKを要所要所につくられたことにも感心しています。

最初に、佐賀県の鳥栖に工場をつくったのは77年です。飲料工場を買収して改装したのですが、工場というよりは、大きな台所、集中加工場といったレベルで、せいぜい、20店規模くらいまでの対応力でした。本格的に取り組んだのは、佐賀工場からですね。今度、また新しい工場が佐賀にできました。ここでは、モヤシとキクラゲをつくります。

リンガーハットの主な工場は3ヵ所。83年6月に竣工した佐賀工場は敷地面積約6900坪、88年8月の竣工の富士小山工場は敷地面積約5000坪。両工場では野菜の処理、チャーハンやぎょうざ、揚げかまぼこなどの製造の他、後者ではモヤシやキクラゲの栽培も行っている。また2019年5月には1600坪の京都工場も稼働をはじめた。さらに6月からはモヤシ栽培とキクラゲの加工の専用工場として、佐賀第3工場（敷地面積約2300坪）も稼働を開始している。

賃金が低すぎます。これでは外食で働く魅力は生まれない

――九州のローカルな食べ物が全国区になりました。苦労はされましたが、実現しましたね。

時代の流れに後押ししてもらった部分もあると思うのです。というのは、われわれが福岡に出た頃、75年に新幹線が博多まで伸びているんです。また、当時は札幌ラーメンの全盛期でしたが、いつのまにかとんこつスープの店が東京でも増えていきました。それは、その時期にタモリとか海援隊、郷ひろみ、松田聖子など、福岡から大挙して有名人が出てきて、話題にしてくれたことも影響しているでしょう。

――リンガーハット（長崎ちゃんめん）の1号店のオープンから45年、どんな危機があったのでしょうか。最初は、長兄、豪さんの急逝《きゅうせい》だと思いますが。

リンガーハットの基礎をつくったのは長兄の豪です。私は、その頃は浜かつを担当していました。長兄の急死は大きなショックでしたが、彼の志を引き継ぐことがいちばんの供養になると思って頑張りました。そして、その後の福岡進出が、運もありますがうまくいった。そこからは、ある意味、日本全体の成長の波にうまく乗れたかな、と思います。しかし、２つ目の危

機はその裏返しで、バブル崩壊の大波をもろにかぶったときですね。

バブルの頃、わが社も例にもれず本業以外の投資に手を出していました。スイスフラン建ての転換社債を発行したり、時価発行増資をしたりして、60億円ぐらいの資金が手元にあったのです。

しかし、先述したように２００店の壁もあり、バブルで地価も高騰していますから、店の立地もなかなか決まらない。当座預金に置いておくだけではもったいないから、株に投資しました。最初は10億までとか、制限を設けていましたが、それもだんだん増えていく。ついに、25億円の損失が出ました。

スイスフラン建ての転換社債は、為替差損で10億円の損失を出しました。さらに、アメリカへの進出ということで、50店構想を打ち出して、工場までつくっていたのですが、こちらもうまくいかず撤退です。これが15億円の損失、合計で50億円です。

さすがに、こんなことをしていてはだめだと思って、いちどは断られたＮＰＳ入会を、再度すからーくの茅野社長にお願いにあがったのです。これは、先述の通りですが、このＮＰＳへの入会があればこそ、現在のわが社があると言っても過言ではありません。

３番目の危機は、２００５年以降、私が代表権のない会長に退き、外部から社長を招いていた時期に起こりました。４年間任せましたが、思ったように利益がでません。その間、なるべく経営には口を出さないようにしていましたが、３年経っても利益が出なかった。いろいろ悩みましたが、２００８年9月に社長に復帰しました。

生え抜きの社長を据えることも考えましたが、任された方も厳しすぎると考えて、私がやるしかない、と決断したんです。復帰後最初にやったのは、不採算店50店の閉鎖です。「半年でぜんぶ閉めろ」と言いました。これで、役員たちの顔色が変わりました。

その後は、大量に導入されていたクーポンを完全に廃止、自社でできることの外注化もやめ、内製化しました。ＮＰＳの考え方に回帰したのです。

09年にはちゃんぽんに使う主力野菜を国産に切り替え、それにともない値上げも断行した。そして、国産野菜使用をアピールするために導入した「野菜たっぷりちゃんぽん」が大ヒット。09年12月から翌8月まで、９ヵ月間連続で目標を大きく上回る売り上げを達成した。

――現在の外食業界の最大の課題は何だとお考えですか？

外食業全体がいまいちばん取り組まなければならないことは、働く人の待遇改善です。はっきり言って、賃金が低すぎます。

顧客満足度（ＣＳ）も大事ですが、それよりも従業員満足度（ＥＳ）です。他の業界と比べて低すぎるとずっと言われ続けていますが、ちっとも改善されていません。むしろ格差は広がっているのではないでしょうか。
成長も大事ですが、出せるものはちゃんと出す。そして、生涯賃金を増やすことです。それが果たされない限り、どんなきれいごとを言ったところで、外食業で働くことの魅力は生まれないと、私は思います。

（2019年7月31日）

先人たちの言葉
―
08

コメダを
必要としている町は、
全国にまだいっぱいあるよ

コメダ珈琲店創業者・
珈栄舎会長
加藤 太郎

1945年生まれ。1968年1月、23歳にして、コメダ珈琲店1号店の菊井店（名古屋市西区）をオープンさせる。コメダ珈琲店を200店以上のチェーンに育てた2008年4月、アドバンテッジパートナーズに株式を譲り、経営の第一線から退く。郊外立地戦略、リキッドのコーヒー使用、店主によるホスピタリティなど、コメダの経営資源の多くは加藤氏がつくり上げたもの。2016年6月に東証に上場、800店を超える企業に成長した今も、臼井興胤社長によって加藤イズムは、脈々と引き継がれている。

全国に864店（2020年2月末）を展開するコメダ珈琲店のスタートは、1968年（昭和43年）1月に開店の菊井店（名古屋市西区）だ。下町的雰囲気のエリアで、通りからひと筋入ったところだったという。この1号店も36坪あって、喫茶店としては大型であった。

1号店を成功させた加藤氏は、郊外ロードサイドで大勝負に出る。駐車場付きの大型店の出店に踏み切ったのだ。今の本店（名古屋市瑞穂区）である。

「100人中99人に、おやめなさい、と忠告された」が、加藤氏は自信があった。開店時こそ苦戦したが、ジワリジワリと客数を伸ばし、この店は年商3億円の超繁盛店になった。大手チェーングループが郊外立地を主要立地と定めるのは、それからだいぶ経ってからのことであるから、加藤氏の立地を見る目の確かさが光る。

郊外に大型店を出せば競争相手が出て来ない。本当に出て来なかった

——加藤さん、おいくつになられました。

74かな。

――そうですか。この前お会いしたときは、68歳とおっしゃっていたから、あれからもう6年になるのか。あのときはまだコメダの株式を10％所持されていましたが。

ぜんぶ売りました。

私は持っていたかったのだけど、インサイダーで引っかかることがあるって言うんで、そのときにぜんぶ売った。

――この「珈栄舎」という会社は、何をなさっているのですか。

資産運用会社。投資業務だけです。

コメダを売却するときに実務をやってくれた人たちがメンバーです。数人ですけれども、その人たちは引き受けないわけにはいかんでしょう。今は社員が5人かな。

――成功しているのですか。

何とかかんとかですね。利益なんて出さなくていい、収支とんとんで存続してくれればいい、と言っていますから。

朝8時頃に皆さん出てきて、午後1時には帰ります。だから、1時5分だと、電話は誰も出ない。

週休3日制にしようと思っている。

――天国ですね（笑）。

そもそも加藤さんはコメダを何で売却したのですか。成長期だったし、利益も十分に出していましたよね。

正直のところ、僕は組織をつくるというのがどうも苦手なんです。大嫌い、と言ってはおかしいけれども、やっぱり苦手なんだろうな。

店は200店を超えていたし、確かに利益もよく出ていたんだけど、僕の限界は超えつつある、と思った。

僕が無理して続けるよりは、手腕のあるところに託したほうがいいな、と思って、それで手放した。

結果として、その判断は正しかったね。コメダも順調に成長を続けているし、私も肩の荷がおりたし、双方にとってよかった。

――現在の会社、珈栄舎の隣のコメダが、郊外進出1号店になるのですよね。郊外の初の駐車場つきの独立型大型店。この店の成功が、その後のコメダを決定づけました。開店は1977年2月、42年前になりますね。

そうだね。今の店よりも客席も駐車場も少なかったのですが、だんだん広げて、今の規模になったんだけれども、確かにこの店の成功が大きかったね。

駐車場を持つ郊外店というものが、まだなかった時代でしたから、「そんなところで200

〜３００円のコーヒーを売って、成り立つわけがない」と、１００人中99人に反対されました。

でも僕は、絶対にいけるという確信があった。

——最終的には、3億円を売る大繁盛店になった。

そう、３億円売った。

当時、コーヒー専門店のブームの時代でね、石を投げれば専門店に当たる、と言われるくらい店が増えていったのです。

だから、他店が追随してこれない店をつくれば絶対に成功すると思って、あの店をやったのです。

店の規模もそうだけど、駐車場ね。駐車場を持つ喫茶店は、だれも追随してこられないだろう、と思った。

うちが成功したのだから、いずれは追随者が出てくるだろう、と思っていたけれども、結局30年間は出てこなかったね。最近だもの、競争相手が出てきたのは。

やっぱり、駐車場のある郊外喫茶店というのは、なかなかやりきれなかったのだろうね。

つまり、駐車場というものが、戦略だったということです。

創業間近のコメダ珈琲店は、ボランタリーチェーンの色合いが強かった。立地を郊外に求め駐車場を持ったのも創業から10年近く経ってからだ。

メニューをどうするこうする、というのは、戦術にすぎない。

――この店は最初からうまくいったのですか。

いいや、最初は苦労しました。

店前を通る人も、「何だこれは」と思っただろうね。でもそのうちに、地元のお客さんが少しずつ少しずつ増えていった。

いったん来店してくだされば、安いし、メニューもいいし、必ず常連になってくれます。その数がだんだん多くなって、気がついたら、3億円売っていたんだ。

だから、地道にコツコツやるというのが、基本だね。初めは苦しくても、必ず報われます。

そして、コツコツお客さんを増やしていけた店は、そう簡単に崩れないものです。

――それから、それと関連しますが、コメダのもうひとつの強さは、生活道路でも成立する喫茶チェーンをつくったところですね。この立地戦略も、加藤さんが打ち立てたものです。

地元のお客さんが毎日使ってくれることで成立するのがコメダですからね。家賃の高い幹線道路に出ていく必要がなかった。

それともうひとつ、フランチャイズ（ＦＣ）をやる人の要請がありました。できるだけ安い家賃のところでやりたい、という要請。

コメダはモーニングが強いでしょ。朝というのは、ほとんどが地元の常連客なのね。フラリと立ち寄って、コーヒーを飲んで、モーニングを食べて、新聞を読んで、さっと立ち去ってくれる。こういうお客は、幹線道路よりも生活道路沿いの店のほうが立ち寄りやすいのね。だから、立地がコメダをつくったとも言えるし、コメダのお客さんが立地をつくってくれた、とも言える。

加藤氏は、ジワジワと店を増やしていった。やりたい人の立地をチェックし、商売のやり方を教え、そしてコーヒーをはじめとする食材を提供する。初期は、FCというよりは、ボランタリーチェーンに近かった。

メニューも、基本は決まっているものの、「自信があるものがあったら、やってもいいよ」と、オーナーに裁量権を与えた。価格も、多少上げることは認めた。ただし、標準価格よりも下げることは、絶対に認めなかった。値下げ戦争がどれだけチェーンを疲弊させるか、そのことをよく知っていたのである。

加藤氏は、店の主人（マスター）の存在を重視した。毎日マスターが店にいて、常連客とにこやかにあいさつができ、世間話のひとつもできること。そういう親密さこそが、コメダの命だ、と考えている。そして、今もその加藤イズムは脈々と受け継がれている。

客層を絞っては喫茶店は成立しない

――最近のコメダは、かなり大商圏型の幹線道路に出していますし、繁華街にも積極的に出店しています。

それはそれでいいではないの。

時代も変わったし、コメダも変わっているのだから。

本当のことを言うと、家賃の高い立地のほうがいいに決まっています。いいところに出せば、それだけお客さんもいるわけで、売り上げも取れる。売り上げさえ取れれば、高い家賃なんてすぐに吸収できてしまうからね。だから、本当は家賃なんかにこだわらずに、いい立地に出していいの。高い家賃のところは必ず売れるから、むしろ安全だとも言える。

でも、これから店をやろうとするFCジーの人たちからすれば、なるべく安いところを、と考えるのは、これまた当然ですよね。

そしてさっきも言った通り、その要望があったから、家賃の低い生活道路でも成立する力を、コメダが身に付けていったということだね。

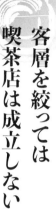

――客層が広いというのも、コメダの強さですね。これははじめから意識したことなのですか。

というか、何で客層を狭くしなくちゃいけないんだろうね。100人のお客をわざわざ20人にする必要ないでしょ。100人全員に来てもらったほうがいいに決まっている。

昔もよく雑誌のインタビューを受けて「どういう客層を狙っていますか」って質問されたんだけど、客層を絞る理由が、わからない。

――確かに。

喫茶店なんだから、敷居を低くして、いろんな人に来てもらわなければ、成立しませんよ。

――その敷居の低さというのが、コメダの特徴ですね。それを使い勝手の良さ、という言葉に置き換えていいと思いますが。

そう、常連のお客さんが頻度高く来店してくれて成り立つのがコメダなんです。朝と晩と2回来てくださるというお客さんも少なくない。

だから、サービスが大事なのですよ。ちゃんと主人のいる喫茶店のサービスが、どの店でもいつ行っても、実現されていなければいけない。

ＦＣジーの人たちにも、「お客さんは、あんたに会いに来るんだからね」と言い続けました。

何もとくべつなサービスが求められているわけではない。主人がいてニコッと笑ってくれればいいんです。

――８５０店の大チェーンにもなると、そのサービスの維持が難しくなりますね。

いや、よくやっていますよ。臼井（興《おき》胤《たね》コメダホールディングス社長）さんも、そこは肝に銘じています。マスターのいる喫茶店を守ろうとしている。たまに訪ねてきてくれるんだけど、そこをどう守るか、その話ばかりですよ。

――初期は、ＦＣというよりは、ボランタリーチェーン的でしたよね。ＦＣジーの自主性を重んじていました。

あんたの店なんだから、やりたいようにやりなさい、というのが、私の基本的な考えでした。コーヒーの値段もバラバラだったし、ご飯メニューはダメだけど、自信のあるメニューがあるのならば、出しても構いませんよ、と言っていた。

たいてい失敗するんだけどね。それで、ちゃんと落ち着くところには落ち着くんだ。

――カレーを売っている店はあるそうじゃないですか。

よっぽど旨いんだろうね。あるいはカレー好きのお客さんがたくさんいるとか。それはそれでいいんじゃないかな。

ご飯メニューを入れると、調理が面倒になるでしょ。違う設備を入れなくてはならなくなったり、その分調理の人手が余計にいる。

僕は、なるべくシンプルに、調理負担がかからないように、ということをコメダの基本に置いていたから、ご飯メニューは推奨しなかったの。

素人の人が無理なくやれる、というのが、コメダの強みだからね。

でも、厳しく縛るようなことはしなかった。納得してやってもらいたかったから。

立地は厳しくチェックした。ほとんどはずれたことはなかった

――でも、出店立地については、加藤さん自らがチェックして、ダメなものはダメと、はっきり言っていた。


間違った立地に出して、ムダな苦労をさせるのも気の毒だから、朝、昼、晩、それから平日、土曜日、日曜日、と日にち、時間を変えて、何度も足を運んだ。

私がいいと言った立地でハズれることはまず無かった。こっちも真剣だからね。

最初苦戦していた店も、力が付くにつけてジリジリとお客さんを増やしていった。

この商売、あきらめずにコツコツやることですよ。ひとりひとりのお客さんを大事にすれば、必ず報われます。


――ダメを出しても、ここでやりたいと言い張る人も、いたのじゃないですか。

「じゃあ、やってみなさい」と言ってやらせてみるんだけど、やっぱりうまくいかない。

こっちは、さんざん立地を見続けてきて、立地のプロなんだから、従えばいいのですよ。

――メニューについても、同じことが言えますね。

そうです。無理なくやれて自然に利益が出るように考えてつくっているのですから、本部がつくったメニューでやるのが、いちばんいいんです。

――メニューの価格も各店が自由だったとは、驚きました。

いや、標準価格はあるんですよ。

たとえば、コーヒーが300円のときに、320円にするのは認めました。高くする分には、自分に自信があるんだから、やっていい。でも、290円とか280円とか、低くするのは、ダメ。これやると低価格戦争に入っちゃうからね。これは認めなかった。

コーヒーにしてもフードメニューにしても、もともと安い価格なんだから、それをさらに下げるようなことをしたら、自分の首を絞めることになる。

だから、安売りは絶対に認めなかった。

――コメダの圧倒的な強さは、朝食です。他のチェーンと比べると、集客力が違うし、ちゃんと利益時間にしています。

コメダをはじめるときに、ある先輩から、「喫茶店はモーニングだよ。朝早くやるのがいちばんいいよ」と言われて、やってみたら本当にそうだった。

今はモーニング戦争とか言われているけれども、その頃は朝7時からやっている店なんてなかった。完全に独占です。

モーニングを成功させるコツはね、ひとつはさっきの真面目にコツコツやって、常連客を少しずつ増やすこと。2つ目は、質の高い食材を使うこと。モーニングだからといって、いい加減なものを出してはダメ。

もうひとつは、程のよいこと、やり過ぎないこと。やり過ぎてもお客さんって離れていくのですよ。

それに、やり過ぎたら、いつまで経っても、モーニングが利益時間になりません。

――そのかわり、夕食には力を入れなかった。

弱い時間を無理して強くする必要はない。夕食メニューを入れたり、アルコールを売ろうとしたり、いろいろやった人もいましたが、報われることはありませんから、僕は絶対にやらなかった。

強い時間をもっと強くしたほうが、お客さんの数も増えるに決まっているでしょ。

――FCジーからの要望もあったでしょう。

朝が弱い店のオーナーから（の要望）が多かったな。夜で挽回したい、と。

どうしてもやりたいという人は止めませんでしたが、うまくいった人はいない。

朝のお客さんを地道に増やしていった店のほうが、ちゃんと利益が出せるようになっています。

――むしろ、夕食の後というニーズはありますね。

これは喫茶店がやるべき時間です。でも、アルコールを売って単価を取ろうとしたりしないこと。喫茶店の役割というか、「分」を守らなければいけない。

2008年4月、加藤氏はアドバンテッジパートナーズに持ち株を売却した。

「僕は組織をつくるのが苦手だからね」と、加藤氏は淡々と語るが、全国チェーンになるためには、自分よりも適任の経営者がいるはずだ、コメダの将来にとっても、ここで自分が経営から離れたほうがいい、と判断したのであった。

出店力は高まり、展開エリアは急速に広がった。店数も、

・2011年3月　400店
・2013年4月　500店
・2014年12月　600店
・2016年7月　700店
・2017年7月　800店

と、ついに800店を超える押しも押されも

1977年2月開店の上山店（現本店）は、郊外型喫茶店という画期的なフォーマットで、年商3億円をあげた。以後の出店戦略の方向性が決まった。

しない、外食チェーンになった。

これだけの大チェーンになった今、個店の喫茶店のマスターが地元の常連客ひとりひとりを大事にする、にこやかに迎え入れる親密さが保てていけるかどうか。つまり、加藤イズムが守れるかどうか、ここにコメダの未来がかかっている。

充填式の開発で、高質で安定したコーヒーが提供できるようになった

――コーヒーをはじめとする、食材は、本部がしっかりと供給していました。それは今も変わりませんね。


コーヒーにしても、パンにしても、最高の品質のものを提供していました。それは自信があります。

だから本部のものを使ってくれないことには、品質が維持できない。ですから、食材についてはいいものを供給しています。

ヘンなものを使われては、チェーンのブランドが壊れちゃいますからね。

――コーヒーは、タンク充填式のものを各店に供給した。これは画期的なやり方でしたよね。

コーヒーは一杯一杯ドリップで淹《い》れなければいい味は出ない、とか言う人もいます。もちろんその言い分はわかるのだけど、そうなると、淹れる人によって技術のバラつきが出るでしょ。チェーンとしては、あってはならないことですよね。

バラつきが出なくて、レベルが高いコーヒーを出すにはどうしたらいいか。コーヒーは喫茶店の命だからね、やはり高質でなければいけない。そこで考えて考えて、生まれたのが、タンク充填でした。

――経時劣化の問題は。

それもさんざん研究実験をやり尽くしました。もちろん時間は厳密に定められていますが、一定の時間内では、味が落ちるということは、まずない。

――時間さえ守れば、バラつきは出ないということですね。

そうです。いろいろ試行錯誤して、今のやり方に行き着いた。

高品質が保てて、コーヒーを淹れるという負担が店からなくなるのですから、こんなにいいことはありません。

――店数が増えて、コーヒーの杯数が増え続けているわけですが、ぜんぶ自社工場でやっているのですか。

そうです。今、何工場持っているのかな。最近のことはよくわかりませんが。

――コーヒーメーカーに委託する、ということは考えなかったのですか。

それも考えたことがあります。

大手の焙煎メーカー数社からも、アプローチがありました。

それぞれのメーカーが、工場を見学させてくれたり、試作品をつくってくれたりしましたが、ダメでしたね。

満足のいくものは、ひとつもなかった。

それでかえって吹っ切れたし、自信がついた。いちばん大事なものは、自分でつくらなくてはいけないんだ、と覚悟ができました。

店が増えても、いちばん大事なものが崩れないというのは、チェーンとして強いと思いますよ。

――今は、一気に全国チェーン化して、出店力も旺盛ですが、加藤さんの時代は、名古屋、というか、中京からなかなか出ませんでしたよね。

ええ、さっき言ったように、僕は組織をつくって、広げて大きくする、というのが苦手なんだね。それは別の人がやったほうがいい。

だから、九州とか遠方からのＦＣの申し込みは、ぜんぶ断っていました。遠くじゃ、面倒見きれないからね。

僕は、名古屋を中心にジワリジワリとドーナツの輪を拡げていって、２００店を超えたところで、バトンタッチした、ということです。

でも、その時代が長かったからコメダは強いんじゃないかな。

今はどんどん遠くに出しているけれども、ビクともしていない。

コンビニのように本部ばかりが肥え太るチェーンになってはいけない

――今のコメダの快進撃をどう見られていますか。加藤さんがやっていた頃とは、ずい分変わった部分もありますが。


メニューもずいぶん増えたし、高価格のメニューも多くなったし、変わってしまったところは、もちろんあります。

でも、大きくなって全国チェーンになって、これからも伸び続けなければいけないのだから、変わって当然です。

企業のＦＣジーも増えて、そこのところも変わりましたが、コメダの理念みたいなものは、ちゃんと守られているんじゃないかな。

――それは何ですか。

地元のお客さんを大事にする、ということです。それから、同じことなんだけど店の顔は店長であり、店主なんだよ、という点。これはちゃんと継承されています。

どこまで伸びていっても、がんばった店主、店長がちゃんと報われるチェーンであり続けてもらいたいな。

コンビニなんて、がんばった分の大半は本部が吸い上げてしまって、FCジーは寝る時間を削って働いているのに、ちっとも収入が増えない。営業時間を短縮したいと言うと、大変なペナルティを課せられる。

ああいうのがいちばんいけない。

まずは、FCジーがちゃんとした人生が送れて、収入もしっかり増えて、コメダをやっていてよかった、と思うようにならなければ、ね。

本部は、店主のサポート役なのです。

（2019年9月30日）

コメダ珈琲店創業者・珈栄舎会長／加藤 太郎

先人たちの言葉
—
09

失敗するから強くなる。
反省して、正しい道に戻す、
仲良くやって調和、これの繰り返しです

サイゼリヤ会長
正垣 泰彦

1946年生まれ。1968年、大学在学中に、本八幡駅（千葉県市川市）近くに小さなイタリア料理店を開業。なかなか軌道に乗らず、また火事で店を焼失するなどの辛酸をなめたが、持ち前の楽天性とブレない姿勢で、サイゼリヤのチェーン化を推進していった。世界レベルのバーチカルマーチャンダイジングと工販分離の追求で高品質、低価格を実現し、まったく同じ戦略で、中国、香港、台湾でもチェーン化を進め、海外420店を含めて1508店（2020年2月末）。すかいら一くのガストを上回り、テーブルサービスレストランの最大チェーンとなった。

２０１９年の７月で、サイゼリヤは国内、国外を含めて１５００店に到達した。これは、マリアーノ６店を含む数字だが、すでにすかいらーくのガストを抜いて、サイゼリヤが最大のＦＲチェーンになったのである。正垣氏が本八幡（千葉・市川市）駅北口に洋食店を開店したのが、１９６８年７月であったから、１５００店到達までに、51年の歳月を要したことになる。サイゼリヤという企業の特徴をひと言で言うと、復元力と持続力であろう。脇道にそれても、必ず元の正しい道に戻る。そして、着実に前進し、進化する。安易な多業態の道を歩まない。失敗をおそれない。

中国進出も、初めは苦難の連続であったが、今や台湾、香港を含めて、海外も４００店のチェーンになっている。「独資」の方針も、一貫して変わらない。

１５００店達成も、正垣氏にとっては、一里塚に過ぎない。

すでにサイゼリヤは、「世界に1万店」に向かって動きはじめている。

お客さんが来ないのは、自分が間違っているから

――正垣さんは、創業当時はずいぶん苦労されましたよね。１号店は立地が悪くて、

なかなかお客が来ない。ようやく軌道に乗りかかったかな、と思ったときに、今度は店が火事で焼けてしまった。

燃えて周りにも迷惑かけちゃったし、ふつうに考えれば絶体絶命だよ。こんなところでやっていてもしょうがない、と思った。

——でも、何とか再起します。

再開したんだけど、お客さんは来ないんだ。どうして来ないんだろう、と考え抜いたときにわかったんだ。

簡単なことなんだ。ぜんぶ人のせいにして、自分のことしか考えていなかった。自分の考えが中心。

自分の考えが間違っているんだ、とそのときにはじめて理解したの。

——考え方を、根本から改めた。

うん。ぜんぶ変えたのよ。まず、店の場所ね、立地が悪いと思っていたけれども、ここは最高、と考えた。

俺は、こんな旨いものをどこよりも安く出している、と考えていたけれども、まずくて高いものを出している、だからお客さんが来ないんだ、と考え方を根本から改めた。

料理はすぐに旨いものを出そうと思ってもできないから、うちは高いんだという考えのもとに、まず価格を下げた。

そうしたら、お客さんが来てくれたんです。それが増える一方だったの。

——十分に安かったのに、さらに下げた。

いや、高かったのよ。

安いのになぜ来ないんだ、と思うことが、自分中心の考え方。

そこから脱却して、お客さんが来ないのは、自分がいけないんだ、自分が間違っているんだ、と思うのが、正しい考えなんだ。

——なかなか、そういう気持ちにはなれませんよ。

僕も十分できているわけではない。放っておくと、すぐに自分中心になっています。

でも、これではいかん、と常に正しいことをやるようにしている。

正しいことをやる、というのは、自分中心から離れるということだから、自然と良くなっていくのね。

人生も経営も同じよ。経営で言えば、正しい道を歩めば、自然にお客さんは増えていくし、店も増えていくのです。

——有能な人材も、自然に集まってきますか。

有能な人材にするのは、会社の仕事だけど。

自分は物理をやってきたからわかるんですけど、世の中のものはすべて、物もお金も人間も生物も有機物も無機物も、皆んなエネルギーでできているのね。突き詰めれば、素粒子。同じものでできているんだ。

このエネルギーというやつは、中心がないんだ。見えない。だから差別がない。だから平等なの。

エネルギーは、中心がないから、それぞれが力を出して、調和してくれる。

これが中心ができると、個々のエネルギーが力を発揮できなくなって、調和ができなくなる。

だから、自己中心というのが、いちばんいけない。宇宙の法則に反しているわけね。

無我というのは、エネルギーと同じなんだね。無我の気持というのがいちばん理に適《かな》っているし、大きなビジョンとかロマンに向かっては、いちばん正しい方向に力が発揮するし、そうなれば必ず成功するものなんだ。

だから簡単なのよ。失敗したら、そこで反省して、どういう自我が入り込んでいたかを検証すればいい。それを取り除けば、再び正しい方向に進むことができる。

困っている人を幸せにすることが、サイゼリヤをやっている理由

——正垣さんは、会社の中でも、その考えを一貫して実践してきました。

会社の基本理念が、「人のため」「正しく」「仲良く」だからね。それぞれがエネルギーなんだから、己れを棄てて調和させれば、自然に正しい方向に向かうの。

人間だから、自己を棄てきれないこともあるし、間違ったことをやってしまうこともある。こともある、というよりは、それの連続です。そのときは、正しい方向に直せばいいのです。

――「正しく」とは、そういう意味だったのですか。

失敗はしてもいいのよ。正しく直すという基本理念があれば、失敗すればするほど、正しい方向に進んでいけるんだ。

――でも、自分のことしか考えない我《が》利《り》我《が》利《り》亡《もう》者《じゃ》も、中にはいるのでは。

いないの。

人間はエネルギーを持っているから、エネルギーそのものだから、さっき言ったように、中心はない。我利というのは、自分中心ということだから、結局そこから抜け出さない限り、その人は幸せにはなれない。それに気づかせればいいことだから、いずれ気づいて、その人も幸せになり、全体の調和が生まれる。

「仲良く」というのは、それを目指そうということで、僕は店が火事になって、考え方を改めて以来、ずっとそれをやってきた。

だから、株式を上場するまで、辞めた人は1人もいない。「仲良く」が基本理念だからね。

今でもうちには勤続50何年という人がいっぱいいる。それは、エネルギーが集まって、エネ

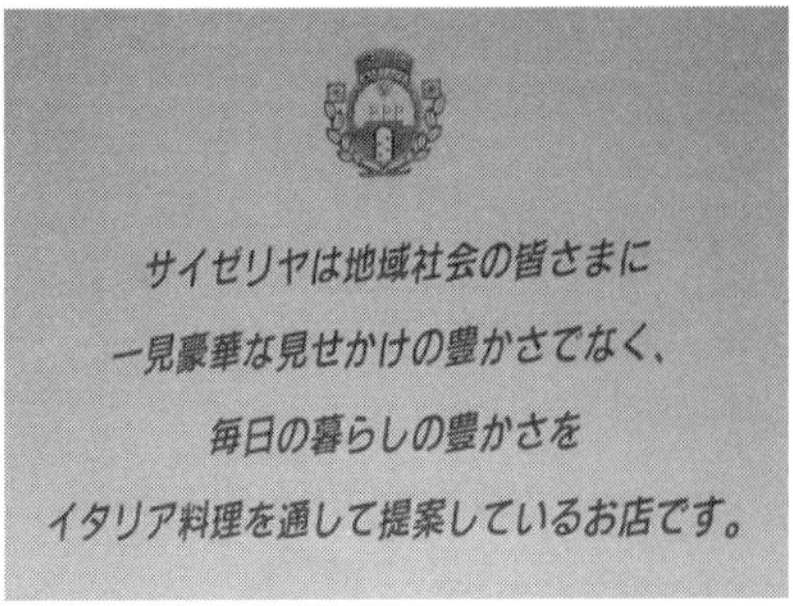
サイゼリヤは地域社会の皆さまに
一見豪華な見せかけの豊かさでなく、
毎日の暮らしの豊かさを
イタリア料理を通して提案しているお店です。

本社に掲げられミッション。これを社員の行動規範にすると、「仲良く」「正しく」なると、正垣氏は絶対性善説を前提の経営を行う。

ルギーが調和して、正しい道を進んでいるからなんだ。放っておくと、エネルギーは最高の状態で集まってくるものなんだ。自然の法則で、そうできているんだね。

調和するということは、困っている人、悩んでいる人を幸せにすることなんだね。もともと幸せな人を幸せにするのは、エネルギーでもなんでもないのよ。

よく、高い料理をつくって、お金を持っている人がやってきて、その料理を食べて、心から幸せになった、なんていうお店があるでしょ。

そういう店があってもいいけれども、それはただ差別を生んでいるだけ。

サイゼリヤが、何を食べても財布のことを心配しなくていい価格を追求しているのは、困った人に喜んでもらうためなんだ、ただそれだけ。

これが「正しい道」なんだから、これさえ間違えなければ、必ず成功する。

とは言っても、完全にできているとは言えませんよ。必ず間違える。そして、間違えたときは、そこで反省して直す。これをやり続けているだけなんだね。

お客さまだけのことを考えると、FCは必然的にやれなくなる

サイゼリヤには国境意識はない。お国柄に無頓着と言っていいかもしれない。お金のない人、不幸な人を幸せにするのがサイゼリヤのミッションであるから、どこの国に行っても、そのミッションを貫き通せばいいのだ。「失敗しているときは、必ず自分のことを考えている。それを克服するには、自分中心主義を棄てて、お客さまの立場で考えれば、必ず正しい道に戻る」と、正垣氏は考える。この考えを半世紀持続してやり続けてきたのが、サイゼリヤという企業なのである。

――サイゼリヤの拡張主義と言ったら言葉が悪いけれども、壮大な世界戦略も、そのエネルギーの発露なんですかね。

正しい方向に進めば、必然的に世の中のためにやるぞ、日本ばかりではなく世界のどこにも行くぞ、ということになるんです。

躊躇《ちゅうちょ》なく行くんです。正しいことをやっているんだから、遠いも近いもない。

ここで国外に出たら、あるいはオーストラリアに工場つくったら、潰れるのではないか、と

いうことは、ぜんぜん考えない。

困っている人のためになんとかできないか、と思うことは真理だから、正しいから絶対平気なの。それで、どんどん大きくなる。

――単なる拡大のための拡大主義じゃないんだ。

１０００店になったら、自然の流れで１万店が次の目標になる。

そうなれば、世界中につくらなければならない。工場も持たなければならない。

失敗したらどうしようなんて、ぜんぜん考えない。

世のため、人のためにやっているのだから、それが正しい道なんだから、そこにおそれはない。

世のため人のため、というのが、結局いちばん強いんだね。だっていちばん正しい道なんだから。

――でも、山もあり谷もありましたよね。

いろいろな壁にぶつかってきたけれど、そのときはこっちが間違っているのね。必ず正しい道から外れている。だから、壁にぶつかる。

そういうときは、お客さまのためにと考えているつもりだけれども、やっぱり会社や社員や自分たちのことを中心に考えている。

当然、いい結果は出ませんね。結果が出ないということは、必ず自分たちが間違えているのだから、そのつど反省して、正しい道に戻せばいい。

そうすると、必ずいい結果が出ます。

反省して戻すということが大事なのだから、その回数が多くなればなるほど、会社は強くなります。

だから、失敗は何度でもするべきなんです。僕は社員が失敗して怒ったことは、一度もない。他人の成功の真似をしても、失敗して、反省して、正しい道に戻す、という機会がないんだよね。だから真似はするな。これは言い続けてきました。

——たしかに、反省の機会は得られませんね。

反省して正しい道に戻す、ということは、自分でやっていくうちに、どんどん深くなるんだね。よりわかる方向になる、というのかな。

だから、1000店でわかるということと、1500店でわかるということは、わかっている内容がぜんぜん違うんだな。

——正垣さんはフランチャイズ（FC）をいっさいやりませんが、これも正垣イズムと何か関係があるのですか。

自然の流れです。FCをやるということは、FCというもうひとり相手のことを考えなければいけない、ということだね。相手にも儲けさせなければ、とか、違う要素が入ってしまう。

これは間違った方向に行く危険な道です。だから、何か決意してやらないというのではなく、自然の道としてFCはやらない。

間違って変えるときに、自分たちだけだったらいつでも変えられる、ということが大事なんだね。お客さまの幸せのことだけを考えればいいのだから。

――サイゼリヤは利益をしっかり出す会社ですが、利益追求主義ではありませんよね。

儲けるのは自分のためでしょ。だから儲けようと思うと、必ずダメになる。道からはずれることなのだから。

よく若い経営者で、とりあえずちゃんと利益を出して、ストックをして、それからビジョンを考えます、みたいなことを言う人がいますね。

そういう人は、必ず失敗します。最初の出発点が間違っているのですから。

お客さまのためになることだけを考える。お金がなくて食べられないとか、困っている人に喜んでもらう。

そういう考えの人は、お金がなくても成功するの。

正しいことをやっていれば、人は集まってくるし、物は集まってくるし、情報も集まってくるんです。

自分の目の前の現象は、自分の心の表れ

――ロマンとかビジョンは、ちゃんと掲げるべきものなのですか。それとも社風として、じんわりと浸透していくものなのですか。

やっぱり（掲げることが）必要だね。普通の人はエネルギーは見えないからね。可視化して、何をする会社なのかわかるようにしたほうがいい。

――ロマンとかビジョンとかは、会社の規模によって変わるものなのですか。

うーん、そういう会社もあるけれども、うちは創業期から「人のため」「正しく」「仲良く」だけだからね。変えようがない（笑）。

――海外でやっていると、その根本の正垣イズムがちゃんと伝わらなかったり、薄まったりして、うまく事業が進まないことがありますよね。

人間どこに行っても同じなんだから、同じようにやればいい。

人間というのは、人の幸せのために努力すればするだけ幸せになるんです。

だから、お客さまと働く人を幸せにした人を評価すればいい。

これは、日本だろうが中国だろうが、まったく同じです。

――でも、とくに海外では、目先の実績を上げようと、利益追求主義に走る人も出てくるのでは。

（利益を）追ったら必ずダメになる。世の中ってよく出来ているのです。それをやってはダメだ、ということをやって、ダメになる。ダメになって苦しむ。苦しむときに、ふつうは、お国柄のせいにしたり、人のせいにする。それじゃダメなんで、自分のせいにしないと、自分の責任として受け取らないと、正しい道には戻れない。

中国、台湾、香港、シンガポールで、すでに400店を超えた。どこに出るにも、サイゼリヤは「独資」を貫く。「お金のない不幸な人を幸せにできれば、どこででも成功する」と、正垣氏の確信は揺らがない。

自分の前の現象は、自分の心の表われみたいなものですから。

――中国では、進出当時、価格を大幅に引き下げて、ようやく苦境から脱出することができましたね。

お客さまが求める価格から大幅にズレていたのだから、求める価格にすれば、お客さまが来るのは当たり前です。

正しい道に戻せば、必ず良い結果が出るのです。

消費税の問題も同じでしょ。外食業がずいぶん悩んでいるけれど、価格が上がればお客さまが来なくなるのだから、そうなれば下げればいい。それだけの話でしょ。

議論が会社が先で、お客さま優先になっていない。

――中国のサイゼリヤで働いている人は、日系企業で働いている、と意識していないようですね。

いっさい差別しないからね。

差別がなくて、いい給料をもらっていて、自分たちにとってありがたい会社だと、皆が思ってくれている。それが大事なんだね。

人間一人ひとりがエネルギーなんだから、それがいちばんいい形で調和できること。

そのときに、いちばん大事なことは、差別がないこと、二番目は平等であること。

僕が言う調和の意味は、高いものと調和するのではなくて、低いものと調和することなんだ。

反省する場、自我を解放する場、それがサイゼリヤ

――何だか話が難しくなってきました。

いや、簡単なんだ。お客さまならば、お金がなくて困っている人、一緒に働く人も困っている人、この人たちは幸せではないわけでしょ、そういう人と調和して、幸福になってもらう、そういうことです。

どの国に行っても、これさえ目指せば、大きく道をはずれるということはない。

――底上げ、ということですか。

そう、底上げ。それが人のためになることなのだから。

――先ほど、働く人で悪い人はいない、とおっしゃった。でも自分のことしか考えていなくて、出世主義で、会社のためになっていないという人は、現実にはいるのではないですか。

皆エネルギーでできているから、自己中心的な人も自分のこと以外も考えているの。本当に人のために、という心はあるの。

それがちょっと錆びついているだけなんだ。その錆を取ってあげれば、その人が本来持っていたものがどんどん表れる。

宝石だってそうでしょ。汚い小石みたいなものを磨いていくうちに、本来の輝きが出てくるわけだから。

根っこから悪い人なんていないんだ。

――うーむ。

お金を持っていて、生活レベルの高い人に幸せになってもらう、ということには、正垣さんは興味はないんですね。

興味ないね。お金がない人、ストレスが溜って苦しんでいる人、そういう人がやってきて、サイゼリヤの安くてヘルシーな料理を食べて、ワインを飲んで、楽しくなって幸せに生きていけるようになっていければいい。

高い店って、それだけでストレスがかかるでしょ。だから、安くて健康ということが、絶対条件なの。

そういう店を世界中につくっていこうとしているだけ。ただ、それだけを考えてやっている。何のストレスもなく、仲間や家族といろいろと語っていると、自分の生き方が間違っていたな、という反省が生まれるのね。

――そこで自我というか、自己中心的な考えからも解放されるわけですね。

もともと人間も一人ひとりがエネルギーなのだから、人のために役に立ちたい、という気持ちはあるのよ。サイゼリヤはその気持ちが素直に出ていく場、でなければならない。自戒と反省の場、というと、ちょっと固苦しくなっちゃうけれども、本来のエネルギーに立ち戻る場ですね。

そう、サイゼリヤって、反省する場所です。そう定義できる。

反省するには、皆でワイン飲んで、料理はいろいろ頼んだけど何を食べたかよくわからない。

とにかく、楽しく食べている状態がいいんだよ。

変な言い方だけど、人の悪口は言わないで、自分の悪口ばかりを、皆が言っているのがいい。堅苦しく反省しているわけじゃないけれど、年取った人なんか長い人生をやっているから、いい加減なことばかりやってきたってことを、自分自身が皆よく知っているんだ。

それが素直に言えて、少しは人のために生きなきゃな、と素直に思える場所、それを目指しているのがサイゼリヤなんです。

楽しく食事していると、心の奥のストレスが出てくる。それを吐き出せたときに、人間てすごく幸せになるの。そういう気持ちになる店って、案外少ないよ。

それができているとは、まだ言えないけれども、日本でも海外でも、一歩一歩そういう存在に近づいているとは、思う。

お客がキャッシュレスを求めれば、キャッシュレスに向かう

サイゼリヤの持続力、しつようさが最も端的に表れているのが、ファストフード、ファ

ストカジュアルの開発においてであろう。テーブルサービスに比べて、ファストフード、ファストカジュアルのほうがはるかに市場が大きい、その確信が正垣氏にはある。

市場が大きい、ということは、より多くの人がそれを求めている、ということだ。だから開発をあきらめない。ハンバーガーファストフード「イート・ラン」を、十条（東京・北区）に出店したのが、2005年8月。イート・ランのチェーン化は軌道に乗らなかったが、その後も、サイゼリヤ・エクスプレス→マリアーノと、FFS、FCAの開発を持続し続ける。

「自分でやって、失敗し続けることが大事なんだ。物真似からは何も得られない」と、正垣氏は語るが、マリアーノは、どうやらトンネルの先が見えたようだ。マリアーノが完成すれば、サイゼリヤとは段違いに大きな世界市場を捉えることができる。まさに、そのとば口に立っているのだ。

――サイゼリヤに加えて、ファストカジュアルのマリアーノが力を付けてきて、だんだん本物になってきました。こちらはどういう店と捉《とら》えるべきなんですか。

今言ったように、ワインを飲んでワイワイ楽しくコミュニケーションをとる場としては、サイゼリヤは得意だったけれども、一方世の中が変わってきていて、安くてクイックに、健康的で簡便に食事をしたいという人も増えている。

そっちのほうがどんどん大きくなっていると言っていい。
そういう人たちのための店が、マリアーノなんだ。

――価値のあるメニューを出していますし、軌道に乗りはじめている。

そんなことはない。あと1000回くらい失敗しなければ、本物にならない。安い、おいしい、クイック、という評価をいただいていて、確かにお客さまも増えているけれども、僕に言わせれば、もっとおいしく、もっと安く、しなければならない。

今の（堀埜一成）社長の考え方は、まず第一に、絶対的に旨くて価値ある商品を開発して、その後にマーチャンダイジング力を駆使して、その品質を守ったまま、半額にする。そういうやり方を採ろうとしているね。考え方として正しいね。いいやり方だと思う。安い価格がまずあって、その中でいい商品をつくろうとしても、どうしても品質に限界がある。そういうやり方では、絶対的な価値のある商品は生み出せない。

――マリアーノがフォーマットとして完成すれば、市場の規模も違うし、こちらのほうがはるかに強い展開力を持ちますね。

安くて、便利で、スピーディな提供ができれば、それはそれでいいのよ。
でも、マリアーノがそういうチェーンになってくれることは、僕としては嬉しいけれども、サイゼリヤはサイゼリヤでまた違う役割があるのよ。
仲間が集まって、ワイワイと楽しいひと時が持てて、ストレスからも解放されてしかも健康になれる場所ということでは、サイゼリヤのほうが適している。役割が違うんだから、それぞれが本来の役割を発揮できればいいんだ。

——話は変わりますが、このキャッシュレス時代に、サイゼリヤはカードも使えない、相変わらず現金主義に固執している。ちょっと時代遅れになっていませんか。

高い買い物をするときは、カードが便利かもしれないけれど、サイゼリヤはちょっとお金を持っていれば食べられるんだから、カードなんか使う必要ないでしょ。

いつも考えていることは、お客さまにとってどうなの、ということです。

キャッシュレス、プリペイド支払いが進行して、お客さまにとってそっちのほうが便利になれば、当然それに対応します。

事実、準備は進めているし、中国では現金支払いがほとんどなくなっています。

ここでも基準はひとつ、お客さまのためになるのかどうか、です。

——やっぱり、正垣さんは、ブレない経営者です。だいたい世の中、正垣さんのおっしゃる通りになっていますね。

いや、毎日ブレているから、それを戻そう戻そうとやっているだけ。

やっぱり法則というものがあるんだね。俺、面倒くさがり屋だから、余計なことは考えずに、その法則に従っていこうとしているの。

だけど、人間って必ず法則からはずれるようなことをしちゃうんだね。その気になっていると、違う結果が出ちゃう。そのときに戻す力があるかどうか、だね。それを持続することが大事。

――そのためにも、大きなビジョンを持つことが大事なんだ。

そう。アジアのためとか、世界のためとか、デッカいことを考えると、私利私欲が入る余地がないから、そのぶん正しい道を進みやすいよね。

だから、ロマンとかビジョンとかは、できるだけ大きく持ったほうがいい。

どんなことも、この基準で考えれば、間違った道に迷い込んでも、必ず正しい道に戻れます。

そうは言っても、自分でできているかというと、できてはいないんだね。

これが人間なんだ。

だから、反省が必要なんだ。

反省して、正しい道を歩めば、必ず成功するものなんだ

――正垣さんって、プライベートではどんな生活をしているのですか。とっても興味がある。

遊んでいるよ。仕事は大嫌いだからね。

だから、新業態ができましたとか、世界中に1500店ができて、その中で最高の店をつくりましたから見に行ってくださいい、とか、社員からよく言われるんだけど、行ったことないね。

いずれ、時間が経ったら行きますよ。その時は、いろいろ間違いをして、いろいろな欠点が出てきているよね。必ず道からはずれていいるんだ。そのときに、指摘すればいいんだ。お客さまが求めているところからズレていっているよ、と。

すぐ行ったってしょうがないじゃない。

プライベートでは、サイゼリヤのいろいろな店に行きますよ。でもそれは仕事じゃない。ワイン飲んでいろいろなメニューを取って、楽しくなって、自分が解放されたいから行くんだ。さっき言ったように、反省しに行くんですよ。自己中心になっている自分を、正しい方向に戻すために行く。

――値段の高い店には行かない。

行かないね。興味ないし、高いというだけで、ストレスになる。

一般で言うぜいたくに興味がないんだね、僕は。

飛行機もエコノミーだし、新幹線もグリーンに乗りたいとも思わないし、ホテルも旅館も、安い一般的なところにしか泊らない。

――禁欲主義者、というわけではないんですよね。

ぜんぜん。ただ興味がないだけ。

お金にも興味がない。財産が無いわけではないけれども、それを増やそうとも思わない。興味があるのは、サイゼリヤが不幸な人を幸せにする場になること。そういう場が増えれば増えるほど、幸せな人が増えることになるわけだから、その意味で店数はもっともっと増やしたい。

――確かに海外比率が高くなっていますが、海外に巨大なマーケットがあって、今がチャンスだから店を増やしているわけではないんですね。

ぜんぜん関係ない。

どこも同じなの。自分中心主義や会社の都合を優先して考えないで、お客さまと働く人の幸せを実現するためにやっていけば、どこの国でも自然に店は増えていくものなんだ。

反省する、正しい道に戻す。この繰り返しなんだよ。

われわれはたまたまサイゼリヤをやっているから、サイゼリヤでその道を進んでいるんだけど、どんな仕事も同じですよ。正しい道を進めば、必ず成功するんです。

目の前で起こる嫌なことや失敗は、ぜんぶ自分のためになる。

これは確信を持って言えます。

（２０１９年９月30日）

先人たちの言葉
―
10

絶えざる提案、絶えざる投資、絶えざる進化。
既存店を伸ばし続ける力、
これがわが社の財産です

物語コーポレーション
特別顧問
小林 佳雄

1949年生まれ。大学卒業後、ウエイター、板前の修業を経て、家業の居酒屋を継ぐ形で外食経営に携わる。1989年、地元豊橋市の郊外ロードサイドに和食店「源氏総本店」を開店するが、これが大繁盛となり、以後ロードサイド一本で「焼肉きんぐ」「丸源ラーメン」「お好み焼総本舗」「ゆず庵」などを次々とヒットさせ、直営、FCの２本立てで全国展開を進める。全員提案型、全員参加型の現場重視経営で、既存店をとことん鍛えて伸ばしていくことに力を注ぐ。

祖業は、昭和24年母親が開いた10坪のおでん屋

――祖業の店が豊橋駅近くの「酒房源氏」ですね。母上が1949年（昭和24年）に開業した。出発はおでん屋さんだったのですよね。

そう、僕が同じ24年生まれだから、70年前のことですよ。10坪ちょっとの店でしたね。おふくろは、今年95歳ですが、健康そのもの。生前葬を自ら何度もやるなど、バイタリティがあり過ぎて困っています。

小林氏の父親と母親は、静岡、山梨を地盤とする商社で出会い、社内結婚をした。当時は、女性は専業主婦になることが当たり前の時代であったが、母親は専業主婦に収まっているような器の人ではない。小林氏が生まれた年の暮れに開店したのが、酒房源氏であった。ちなみに、この祖業の店は、自宅のあった土地に移転。112坪に規模を拡大して、現在も地元の和食繁盛店として確固たる地位を確立している。

――店は軌道に乗ったのですか。

酒房源氏が物語コーポレーションの創業店舗だ。写真は昭和24年の開店風景と当時の小林氏の母親、きみゑさん。当初はおでん屋としてスタートしたが、小林氏が受け継ぎ活魚料理の源氏本店に変えた。

大繁盛です。

おふくろは、独特の商売の勘を持っている人だったし、飲食業が根っから好きだったのだと思う。世話好き話好きの肝っ玉母さんのような人で、人を引き付けるものを持っていた。調理もできるし、おでんのネタ、練り物だって、ぜんぶ自分でつくっていましたから。

――それじゃあ、父上は家に置き去りに。

いや、毎晩お客を連れて飲みに来ていた。商社マンだったから人脈は広いし、お客の輪は広がる一方だった。毎晩売り上げに貢献していたのですよ。

僕だったら、女房の店なんかに絶対行かないけれどね（笑）。

飲み屋ですからね。僕は営業中は来てはいけないと言われていました。でも職住近接なので昼間は、毎日行っていましたね。

中学になると、店の奥の部屋に置いてあるいやらしい雑誌を読むのが目的で（笑）、日参していた。

創刊して間もない『月刊食堂』も購読していてね、だから中学時代から愛読者だったのですよ。

渥美さん（故　俊一氏・日本リテイリングセンター主宰）の連載なんか毎号熱心に読んでいて、今思えば刺激も受けたし、刷り込まれていったんだろうね。飲食で大きくなりたいという気持ちは、間違いなく醸成されていったのだと思う。

その後、小林少年は地元の進学校を卒業して、慶應大学商学部に入学。気分は、金持ちのボンボンなので、在学中は勉強はほどほどにして、東京のおいしい店の食べ歩きばかりしていたと言う。途中1年間休学して、アメリカやヨーロッパに放浪旅行をした。5年かかってなんとか卒業したものの、就職試験は全部ハネられた。チェーン理論学習の下地があるから、実家を継いで、多店化をして、事業化を進める、という気持がどこかにあったのだろう。結局、コックドールに修業に入った。コックドールには、2年勤めた。

ウエイターとしての僕は、表面的には完璧な人間ですよ。フランス語で飾り文字は書ける、英語はしゃべれる、尊敬語謙譲語はちゃんと使い分けられる、料理の知識ある、説明うまい。ワインは、あまり知らなくてもわかったように話せる。そして、1年もしないうちに、デシャップをやるように言われたのは驚き、そして喜びでした。しかし、孤独だった。同じ職場で働く人間には、こいつには生きていくための必死さがない、それを本能的に嗅《か》ぎ分けられていた。そういうものは、自然に出てしまうのだろうね。

――コックドールで2年働いて、それから実家に戻るわけですよね。

実家に戻る前に2年の板前修業に入りました。夜は調理師学校にも通った。うまいものも散々食べているし、技術も身に付けた、理論も頭に入っている。もう大丈夫、というところで実家に帰って板前になったのですが、これがダメなんですね。ぜんぜん通用しない。

たった2年のウエイター修業で通用すると簡単に思い込むような僕が、もう2年の修業しただけで板前をやるわけです。お客さまに通用する訳がないのです。

たとえ料理がうまくても、こいつは本気で板前になろうとしていないな、ということは、お客さまにすぐに感じ取られてしまうものです。板前は生き方まで問われるんですよ。

技術があっても、本気で料理人になろうとしない人間を、お客は見抜く。

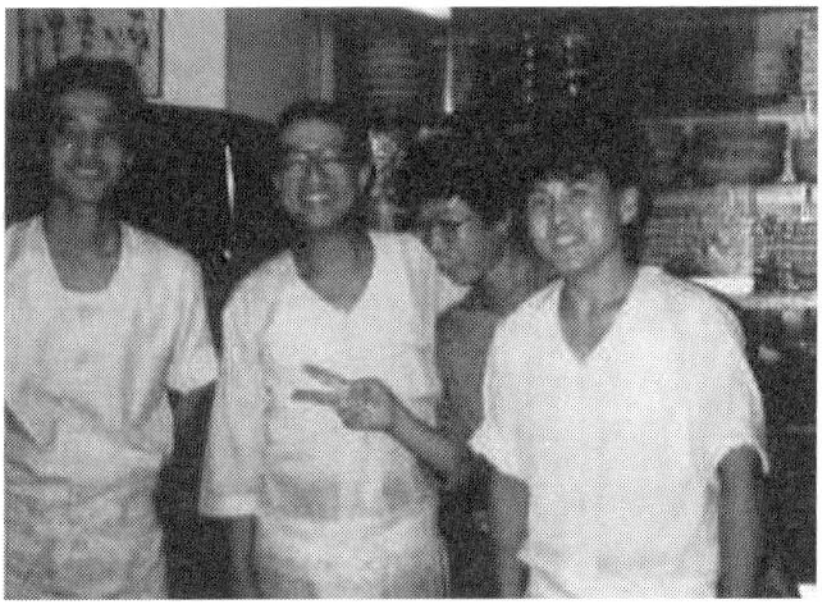

本物の板前になろうと決意したダボシャツ姿の小林氏（左から２人め）。「生半可は、すぐに見抜かれる」。本気になって初めてお客に認められた。

本物の板前になろうと決心。徹底的な自己改造を進めた

――こわいもんですね。

こわい。本当にこわい。

いい料理人になりたいと思いつめて、一生懸命に料理をつくって、その料理がおいしかったときに初めて、お客さまが付く。ファンになってくださる。そういうものです。

結局、僕にはお客さまが付かないで、ジリジリ追い詰められていきました。店も赤字です。それでやったことは、ひとつは本物の板前になってやろう、と決心したこと。経営者になりたいなどと日和《ひよ》らない、捨てる。

本物の板前になるために何をやっていいかわからないから、丸坊主になる、三河弁しかしゃべらないと決心する。プライベートのときも長靴かゲタしかはかない。普段着もダボシャツを着る。自分のいる場所は、魚市場と店だけ。それ以外の私生活をいっさいお客さんに見せない。子供が回転ずしに行きたいと言ったら、子供と女房だけ店に入らせて、僕は車の中で待っているとかね。とにかく、本物の板前になるために、やれることは全部やりました。

もうひとつは、自分が旨い、食べたいと思うものしか出さない。

食べたいと思う魚や食材を市場から自分で買ってきて、自分がやりたいと思う料理法で提供する。自分が納得できる料理しか出さない、って決めたのです。こうすれば、本気になれる、と思ってね。

これって結果的に高くつくんですよ、当たり前の話ですけれど。でも、これに徹したのです。これでダメだったら、板前はやめようと思っていた。

そうこうしているうちにね、だんだんとお客さんが付いてきたのです。赤字だった店が、何とか利益も出るようになってきたのです。

――本気度がお客に認められるようになったのですね。

それもあるのかも知れないけれども、僕が専務と呼ぶ高山（和永）さんが入ってきてくれたことが大きい。（高山氏は、65歳で今年退任）

私が34歳の時です。

高山さんのおかげで、なんとかお客さんは少しずつファンになっていってくれましたけれど、従業員で僕のファンというか信奉者は、ひとりもいなかった。

さびしいものですよ。従業員にファンがいないというのは。幸せにはなれませんね。

それが、高山さんが僕のことを信頼してくれて、人望も厚い人だから、そうなると、少しずつ様子が変わってきた。従業員の中にも、僕を信頼してくれる人ができはじめたのです。

――自分自身も、とことん、自己改造をしたわけですね。

何が変革できたかというと、超自己実現の世界にどっぷりと漬かっている、ということです。35歳の頃には、いつ死んでもいい、という気持ちになっていました。今は死にたくないですけど（笑）。

あの頃は、企業化は別にする必要はない。1店の店主でこそ幸せ。そういう気持ちでした。

――しかし、現実には1店の主では終わらなかった。多店化を進めていきます。

小林氏が多店化に踏み切った理由も、高山専務の存在がある。

「1店でやっていくら繁盛しても、高山さんは店長にもなれないし、料理長にもなれない。そして、いずれ僕から離れていくことになるだろう」

小林氏は、かつて味わった孤独と不安な気持に二度と戻りたくなかった。彼に支えられてきてやってきたのだから、彼にいてもらうためには多店化をやるより他に道はない。そう決意したのである。

豊橋の郊外ロードサイド立地に源氏総本店を出店したのは、1989年2月。敷地面積500坪、店舗面積150坪の大型店である。

ふつうは、町中の繁盛店を経営している人間が、郊外には出せないものである。人通りのないところに出す勇気がない。

しかし、チェーン理論をしっかり学び、郊外の繁盛チェーンの動向を知り抜いている

小林氏にとっては、郊外出店に抵抗はなかった。いやむしろ、郊外以外に多店化できる立地はない、という確信を持っていた。

ギャンブルみたいなものだけど、そのときはそうは思わなかったんだね。１億６０００万円、いや、もうちょっとかかったかな。

——そんなお金無いですよね。

もちろん無い。で、おふくろに無理やり保証人になってもらって、ようやく銀行から借りられました。

豊橋市郊外の向山町で敷地500坪に150坪の店舗、大勝負に出た源氏総本店は1989年2月に開店。平均月商2000万円。物語の成長の礎を築いた。

——お母さん、息子さんを信用していたのですね。

信用はどうでしょうか。いやいやみたいだったですよ。こっちは、息子の進む道を邪魔するのか、くらいの気持ちですからね。ハンコ捺《お》して当然と思っていた。おふくろの保証は、ジャスダック公開するまで抜けなかったと、後で聞きました。

——でも、幸いにも大繁盛するのですよね。

初月２５００万円、平均月２０００万円を売りました。

客単価は、昼1800円、夜4000円くらいだったかな。お酒も飲める郊外和食店ですね。

ただ、FRチェーンなんかと違って、商圏は大きいですから、同じ町に複数は出せない。

多店化するには、近くの町の郊外に行くより他はないのです。

だから、チェーンというよりは、支店です。

断トツの「違い」をつくって、地域で一番の店になる、という考えは、この店が出発点です。


この店は、物語の成長の礎《いしずえ》になって、その後も利益を出し続けていたが、2015年2月に全焼してしまった。それを機に、土地を拡張して増床して、再建。月商3000万円を売る超繁盛店に生まれ変わった。

浜松の郊外で大失敗。2億円以上の損失を出す

――郊外大型店の源氏総本店が大当りして、次に隣町の浜松に出すのですが、これが大失敗しますね。

金のかかった郊外型の豪華な中華料理店を譲り受けて、８０００万円を投資して開業（１９９５年７月）したのですが、これが大失敗でした。２億円以上失いました。

失敗の理由のひとつは、浜松ではブランドがぜんぜん浸透していなかったこと。知名度ゼロ。小商圏型のチェーンですと、自分のブランドの香っているところに出せるのですが、支店経営の大型店は、隣町とはいっても、まったく別のエリアに出さなければならない。

投資も大きいですから、多店化しようと思うと、１店１店がギャンブルになってしまう。支店経営レベルの多店化の方法を知っているつもりの僕は、板前の調理もオペレーションも、仕組み化できると思っていたのですが、それは思い上がりだった。

もうひとつの失敗の理由は、前の中華料理店のイメージを、徹底的に消したつもりで、それだけの投資をしたのですが、どこか残ってしまうんですね。消しきれていなかった。

これも、大きな教訓になりましたね。居抜きでやるならば、前の店の匂いを完全に消さなければ、成功はしない、ということを学んだ。

――源氏総本店浜松店は大失敗に終わり、ゼロから焼肉店をはじめるわけですね。それが、物語の成長の出発点になると言っても、過言ではない。でも、何で焼肉だったのですか。

僕自身が焼肉フリークだったのですよ。繁華街のど真ん中で育ったから、近所に焼肉店はいくつもあった。両親は共働きだったから、おばあちゃんに小遣いをもらって、友達を引き連れて、焼肉を食べ歩いていた。

――食べるのが好きなのと、ビジネスで成功するのとは、また別ですよね。

それは僕もよくわかっていた。

最初は焼肉店を出す予定ではなかったんです。

2億以上のお金を失ってしまったので、次の店を出す力はないのですよ。

一方、うちのどこが見込まれたのか、優秀な社員が次々に入社してくれていました。

優秀な人ほど、会社の成長を求めますからね。だから苦しくても次の店をやらんわけにはいかないのです。

そこで、優秀なメンバーを集めて、私が座長になって、新業態開発のプロジェクトチームを立ち上げたのです。

1年間かかって、そこで最終的に決めたのが、郊外型の居食屋。メニューはそばうどんが中心なんだけど、お酒も飲めるという店だったのですが、僕としては、どうしても心が晴れない。やりたい気持ちが湧き出て来ないんですよ。

なんでなんだろう、とよくよく自分の心に聞いてみたら、「やっぱり、俺は焼肉屋をやりたいんだ」ということがわかった。

1年も議論して出した結論をひっくり返したのですから、専務以下全メンバー大反対ですよ。猛反発をくらった。

――でもそこで、小林さんの意志を貫いたから、今日の物語があるわけですからね。

焼肉フリークであったが、町中のディープな焼肉店がそのまま郊外ロードサイドで通用するとは、考えてはいなかった。家族が使えて、カップルも利用できて、グループ客からも支持される、多様な動機を吸収できる焼肉専門店でなければならない。そうは言っても、当時少しずつ生まれていた、FR型の郊外焼肉店を出すつもりはなかった。本格的な焼肉メニューを提供して、カジュアルにも、またちょっとアッパーな、家族の誕生パーティなどにも使える、郊外の焼肉店を目指した。
1995年12月に出店した焼肉一番カルビ1号店は、開店当初から爆発的な繁盛店になった。89坪で、年間3億6000万円を売った。

開店した店を完成型と思わないこと、リフレッシュの本質は、業態転換

――物語は、郊外ロードサイドを主要立地にしています。郊外立地から逃げ出して

いるチェーンも増えていますが、物語はこれからも、郊外主力を貫きますか。

少子化で外食市場がシュリンクしていくことは、間違いありません。でも、立地としては郊外ロードサイドよりいい立地は、他にないでしょう。

僕自身は町の中心の小さな店からはじめて、その店（魚貝三昧げん屋）は拡張しながら現在も大繁盛していますが、（その立地で）ひとつの業態で多店化するのは、難しい。

町中の店は、規模は小さくて、その割に家賃は高い。オペレーションは複雑になる。それから、個人店が次から次へと新しい店を出してきますから、陳腐化の速度も速い。

――ショッピングセンターは。

本体の集客力に依存しますし、やはり、規模が小さすぎて家賃は高い。客層や利用動機も様々になるのでオペレーションの標準化も図れません。本当に商売が難しい。

一方で、郊外は初期投資が大きいから、誰もが参入できるわけではない。

やはり、郊外でベースをつくらなければダメです。この基本は、40年～50年前と、何ひとつ変わっていません。

――しかし、郊外でもしっかり再投資して、リフレッシュできている店は、本当に少ない。

僕らの商売は装置産業という面が強いですから、絶えずリフレッシュしていかないと、どんどん劣化していきます。開店した日がいちばんシャープで切れ味が良い。

でも、翌日から劣化は始まっているのです。

僕自身は、看板や外装が退色した店には絶対行きたくないし、お客さんも自然自然に、そういう行動を取っているのです。だから、客数減がどんどん進む。

うちは、店もメニューも再投資を惜しみません。これを惜しんでいては、既存店の売り上げをクリアすることは、絶対にできない。

――本当に物語の店は、どこもリフレッシュし続けていますね。

でも、本当のリフレッシュは、業態転換ですよ。あるいは、業態進化と言ってもいいかな。ネタありきなのです。新しいネタを出すこと、これがリフレッシュの本質です。たとえば、すかいらーくのしゃぶ葉さん。ネタがあるから転換できるわけです。

――あれは、商売替えですよね。

物語のやっていることは、まさに業態進化です。中身がどんどん良くなる。メニューもサービスも、内装も店のレイアウトも、どんどん良くなっていく。物語の進化力って、正直凄いと思います。

開店して、今あるものが完成形だとは思わないようにしています。フォーマットに常に不満を持つこと、持ち続けることが、重要です。

会社が小さいときは、次から次へと不満が出てきて、どんどん変えられる。でも、大きくなると、変えること自体が、ルーティン化してしまうのです。うちもそうでした。

開発本部というものができて、大所帯になって、期間限定メニューをつくる、グランドメニューを改定する、これの繰り返しです。やる仕事のコンセプトが固まってしまう。今あるフォーマットの延長線上でやっているので、そこでは本物のイノベーションは、ひとつも生まれない。

僕は、トップと一部の人だけではなく、働く人全員が不満を持ち続ける、というのもおかしいのですが、ああ変えよう、こう変えよう、といつも考えていて、提案ができて、イノベーショナルに行動できるような、そういう会社であり続けたいのです。

――全員が提案力を持つ、改善力を持つ、ということですね。

上も下もない。全員が対等な立場で自由に提案できなければいけない。

加治（幸夫代表取締役社長ＣＥＯ）さんの素晴らしいところは、そういう組織をつくったところですね。

たとえば、東京の青山のオフィスの隣に、フォーラムキッチンというものをつくった。客席もあって、お客さまと同じ体験をすることができます。そこで、試食、試食、試食。その繰り返しです。

参加する人全員から、同じ立場で、不満が出る、不安が出る、新しい提案が出る。

会社が小さいときにあった、変えようとする熱気が、そこにはある。それを加治さんはつくった。それが大事なのです。

――規模が大きくなると、そういうものが消えてしまいますよね。

僕は、それがいちばんこわい。

会社の上場作業の中で、うちにもそういう時代が10年間くらい続きました。食いもの屋なのに、食いものの話をしなくなる。メニューの話、味の話をしなくなる。教育もしない、店まわりもしない、商品を見ている時間もない。そういう時期がありました。

まだ会社が小さかったから、それを克服して乗り切ることができましたが、あのまま大きくなっていたらどうなっていたか。考えただけでもゾッとします。

4月入社の新卒だけがチームをつくって、既存店の予算を大幅クリア

——物語は、既存店の売り上げが9年間、対前年を上まわり続けています。こんな外食業は、ちょっと考えられない。これもやはり、提案力に基づく変革力があるからなのでしょうが、このエネルギーはどこから出ているのですか。

昔もうちは、ある程度年を経た店は、前年の売り上げが割れても仕方がない、と考えていたときもありました。前年割れをベースに予算づくりしていたこともあるのです。

僕自身は、既存店の成長こそが成長の基礎だと思っていますから、これじゃまずい、という気持ちがあった。危機感を持っていました。

この危機感を全員のものにしてくれたのが、やはり加治さんです。だから加治さんが社長になってからは、そんな弱気の予算を出したことは一度もない。そして、実績を上げ続けています。

既存店が前年をクリアするのだというムードをつくってきて、それが2年、4年と続いてくると、もう割ることが恥ずかしくなってくる。だから全員必死です。

主力ブランドに育った焼肉きんぐ。「提案力に基づく業態進化」（小林氏）が全ブランドに浸透し、既存店売り上げ9年間連続アップが実現されている。

既存店をクリアする原動力はやはりメニューですけれども、それプラスアルファを考えて、各店から提案があります。福袋を考えるとか、その他の物販を考えるとか、店からも新しい提案が、どんどん出てきます。

そして、2019年から始まったのが、チャレンジ営業です。

どういうことをやるのか、というと、4月に入った、新卒のメンバーだけでチームをつくって、特定の店を彼らだけで営業する。

ルールは無し、とにかく思ったことを何でもやれ、というのですから、燃えますよ。

予算はいくらいくらですが、何月何日までに、これだけ売ります、という超強気の計画が出てきます。

彼らの考えた販促もどんどんやりますが、近隣の住宅をローラー作戦でまわる社員もいれば、店の清掃にとことんこだわる社員もいる。

それで結果はどうか。強気の予算をさらにクリアしてしまった。

――新人社員も燃えると、潜在力を発揮できるのですね。店長の立場がなくなりますね。

それを見ていて、今度は（入社）２年目の社員が、２年目メンバーだけでやります、と言って動き出す。

焼肉きんぐで始まったのが、今度は丸源でもやります、とどんどん横に拡がっています。

群馬県前橋市に出店した焼肉きんぐは、インターナショナルパートタイマーがいちばん多い店なのですが、彼らだけでチャレンジ営業をやって、予算比１４５％を達成してしまった。

あの店には、マスコミの取材もたくさん来ました。

――全員火の玉という感じですか。燃え尽きるこわさみたいなものはありませんか。

それはない。外食業は燃え続けなければ生きてもいけないし、成長もできません。

でも、営業努力だけでは限界はあります。フォーマットの改善の力がなければ、持続しません。

根本はやはり、先ほど言ったメニューです。メニューこそ命です。商品バリュー、メニューブック、看板商品の価格。これらの設計こそが食べ物屋の命。それと連動した外装設計。これがフォーマットの基本です。

内容も価格も、季節メニューも常にリフレッシュし続けなければなりません。それも絶対にルーティン化して流されてはいけない。全員の提案力で変わっていかなければなりません。

それから、店舗への再投資です。これはお金もかかるけれど、やはり効果は大きい。メニュー改変も、その度に（メニューブックを）総取り替えしなければなりませんから、やっぱりお金がかかる。

既存店クリアを続けるというのは、それはそれは大変で、お金もかかりますが、それが達成されなければ成長の見通しが立たないでしょ。

僕はむしろ、既存店が減り続けていて平気、という外食業のほうが理解できない。

前にも言った通り、フォーマットができて開店する、というのは、出発点なのです。そこからどう変え続けられるか、進化させ続けられるか、です。できた店を完成形と思ったら、もう革新は生まれない。

そしてその革新の根本は、全社員の提案力です。ためらうことなく、自分の考えていることが言えること。さっきも言った通り、提案においては、上も下もない、対等。

この社風が少しでも弱まったら、物語の成長は止まります。

（２０１９年11月30日）

先人たちの言葉
|
11

極めて、極めて、極め尽くす。松田イズムは、吉野家にしっかりと根付いている

吉野家ホールディングス
会長
安部 修仁

1949年生まれ。ミュージシャンを目指し福岡から上京し、吉野家でアルバイト、松田瑞穂氏と出会う。1980年の倒産後、再建の中核を担い、吉野家を超優良企業へと復活させた。2003年BSE禍でアメリカ牛の輸入が禁止された際には、牛丼の販売を完全に中止。牛丼の味を守り抜く「ミスター吉野家」の真骨頂振りを発揮した。2012年に43歳の河村泰貴氏にバトンを譲り、現在は後進の育成、業界の発展に尽力する。

毎日食べても飽きない牛丼の味づくりに精魂を傾けた

――実質的な創業者である松田瑞穂《みずほ》さんが、吉野家をどうやって完成させたのか。その執念というか、集中力について、まずお聞かせいただきたい。

松田さんは、「俺は生まれ変わっても、また牛丼をやる」と言っていました。やはり、牛丼という商品がチェーンとしてのビジネスモデルに適している、それだけの特徴を持っている、とある段階で確信したのでしょうね。

だから、チェーン化にばく進して、規模拡大、急成長に入るところも凄いけれども、その前段階のモデルづくり、商品づくり、そこに尋常ではないエネルギーを注ぎ込んだのでしょう。

僕がそういう凄味を実感するのは、僕自身が社長になるまでのいろいろなステップの中で、であって、松田さんのもとで働いている

吉野家の実質的創業者、松田瑞穂氏。牛丼を極め尽くし20席の築地の創業店を1000人来客する店にした松田イズムは脈々と受け継がれる。

ときには、それが実感できていなかった。後でわかってくるのです。その意味では、僕は松田瑞穂研究の第一人者、と自負している。

――まず、築地の10坪足らずの店を超繁盛店にするのに、全エネルギーを注ぎました。

10坪もない20席の店で、営業時間は朝5時から昼12時までのたったの7時間。この店を1日1000人、年商1億円の店にしよう、と心に決めたのですから。

――父上から受け継いだときも、繁盛店ではあったのですよね。

でも1日200～300人でしょう。テイクアウトはゼロだし、それだって大変なことですが。時間が限られていることと、築地市場の場内というクローズトの場所だということ。この条件の下で1日1000人を達成するには、まず提供時間を極限まで短くして、店をフル稼働させせなければならない、という課題が上がります。

もうひとつ、来店頻度の問題があります。毎日来てもらえる店になっていなければならない。A5の特選和牛のすき焼なんていうのはおいしいけれども、毎日食べられるものではない。松田さんは、毎日食べても飽きない味の追求に、情熱を燃やしたのです。

――家業を継いだときの味を守ったわけじゃないんだ。

ぜんぜんです。試行錯誤を繰り返しながら、まったく違う商品をつくり上げていったのです。元の商品は、ネギとかこんにゃくとか豆腐とか、いろいろなものが入っていたのですが、それをどんどん取り除いていった。

「うちに来るお客は、牛肉が食べたいんだ。だから余計なものは要らない、邪魔なものは棄てなければ行き着くところには行けない」、というのが彼の考え方でした。

それを極限まで押し進める。

素材から出るジュースと玉ネギの甘みと白ワインを中心にしたたれの配合、これをとことん追求して、自然な後味を出していった。

――それは、だれか料理研究家とかアドバイザーがいたのですか。

まったく1人で。毎週、たれづくりに合うワインを探しに甲州勝沼に行っていたと言いますから。

クリエイティビティの高い料理人は、自宅のキッチンで試行錯誤をしているでしょう。まず仮説というか、イメージする商品の味があって、そこに向かって、影響因子を組み立てていって、配合を変えていったりして、最後にイメージどおりのところにたどり着く。そのための実験をやり続けているのでしょう。

松田さんはそれを1人でやり続けた。

松田さんが求めたのは、毎日食べても飽きない味でした。

そこに向かって、しゃにむに突き進む、いっさいの妥協なく極めていく探究心、達成するまで絶対にあきらめない執念、それを持ち続けたのが、松田さんの凄味ですね。

提供時間15秒、7時間で1000人をさばく仕組みづくり

――牛丼をクイックに提供する仕組みづくり、という点ではどういうことをやったのですか。

ピークは、5時から8時までの3時間。あの店は満席になると、お客は壁沿いに並んで立ち食いします。

しかも早食いで、口をもぐもぐしながら勘定を払って出て行きますから、1人当りの在店時間は5分未満でした。

お客は皆ヘビーユーザーだから､何を注文するか､入ったときにわかる。そこで動きはじめて、提供するまで、15秒。これは多分世界一でしたよ。しかも、つくり置きではないのですから。

1人ずつのスキルとチームフォーメーション、道具立ても、このすべてを突きつめていって出したのが、15秒。

この経験が、その後の吉野家の大きな財産になっています。

うちの強みは、どんなテーマであっても、極限まで極めていく、そこにあると思うのです。

極めていく過程で、道具立てもスキルも周辺のことも、どんどん研《と》ぎ澄《す》まされていって、一

最大級の店舗、新橋店が新橋駅前SL広場横に開店したのは1968年12月15日（現在はない）。吉野家の先見性がよくわかろうというものだ。

緒に高まっていく。

そのエッセンスが、未来につながっていくわけです。

別に30秒だって、お客さんは怒らないのだけど、松田さんにとっては、もうそこではお客の要請とか関係ないのね。突きつめること自体が目的化して、極めてたどり着いたのが、15秒。そこが大事なんです。

うちの大事なキーワードで、目線と作業割り当てというのがあって、目線はセンターポジションからぜんぶ見渡せ、作業割り当てを矢継ぎ早に出せなければいけない。目線はその先の出入り口にも届いてなければいけない。全体を把握をして作業割り当てを出していく中で、盛り付け作業を連続的にやっていくわけです。

――そうやって、1億円を売る店を実現させてしまった。不可能を可能にしてしまった。

達成してしまった。築地の1店で、商品とオペレーションを極めるのに、松田さんは10年かかったといいますから。

1日1000人ですからね。コケの一心、と言うより他はありません。

――そこまで極めれば、ふつうの人は、そこで満足してしまいますよね。

達成したそのときに、松田さんは、（日本リテイリングセンターの）渥美俊一先生の、年商3億円突破セミナーに参加するのです。

1億でもたいへんだったのに、3億円ってどうやって達成するんだ、という疑問を持って参加したのですが、渥美先生は、「松田さん、それは簡単だよ。年商1億円の店を3店つくればいいんだ」とおっしゃったようです。

彼は、その言葉を聞いて打ち震えるような感動を覚えたといいます。

今その話を聞くと、あまりに単純な話に笑っちゃいますが、渥美先生の言葉を聞いたそのときが、松田さんがチェーン化に踏み出した瞬間だったのだと僕は思う。

それ以前は、多店化は彼の頭にはなかったのですから。

――その瞬間がなかったら、築地の超繁盛店のおやじで終わっていたかもしれない。

まあ、そんなことはないでしょうね。あれだけの直観力と先見性のある人だから、いずれチェーン化に踏み出したとは思います。

掘り下げてばかりいると視野狭窄《きょうさく》に陥《おちい》るから、時々外の人や外のコンサルティングの人とコミュニケーションをとっておかなければならない、と彼はよく言っていました。視野も広かったのです。

僕が入社したのは、1972年（昭和47年）2月ですが、7〜8店だったかな、10店近くあったのかな。そのときはもう、２００店構想は持っていましたからね。

――やはり渥美先生との出会いは大きいですね。

ＦＣ導入で出店に加速。郊外化のきっかけは、リンガーハット

――２００店目標を立ててからは、出店スピードは一気に上がったのですか。

いや、ごく初期は出店資金の余剰ができたときに出店する、と聞きました。

――たまったら出す。

そう、たまったら出す。ですから、初期の出店はゆっくりでした。

そうは言っても、倍数は出していましたけれども。

――ぜんぜんゆっくりじゃない。

ある段階からＦＣをはじめたから、それで出店力が一気に加速しました。

――渥美先生は、基本的にＦＣ否定論者だったと、私は思っているのですが。

松田さんも同じです。やはり直営のほうがいい、と考えていた。でも、価格力を含めた本当のバリューを出すためには、店数を増やして食材のロットがまとまらなければいけない。

だから、松田流のFCは、直営に限りなく近い。店長からパート・アルバイトまで、全員うちの組織でしたから、まあ運営委託ですね。一方、食材から鉛筆一本の備品も、すべてこちらから供給します。

ロイヤリティは3％いただきますけれども、利益のシェアでいうと、卸し業といっても過言ではないビジネスモデルでした。メーカーがユーザーとマーケットを完全に特定して支配している卸し業。

――初期は町中店中心でしたよね。しかしある段階で郊外にも積極的に出ていきました。郊外のロードサイドに出したきっかけは。

自慢話ではないんですが、私が九州地区本部長の時代に福岡の春日につくった店が、本格的な郊外店の一番最初です。

開店としては、広島の店のほうが早くなったのですが、物件として最初に開発したのは、春日の店でした。

松田さんは月1回、九州にやってくるのですが、新店を出すか出さないかは、車の中から物件を見ながら、現物を確認して、即断即決です。

これは出す、これは出さない、その場で決めます。

そのときに、僕はあらかじめマークしていた他社の店に松田さんを連れていくのですが、リンガーハットの郊外店は絶賛していました。

僕は同じ路線に2店つくったリンガーハットを見て、郊外ロードサイドはいける、と確信しました。

松田さんもまったく同じです。

――ふつうは中心部で展開して繁盛していたら、それにこだわりますよね。なかなか外には踏み出せない。

松田さんは天才的な直感の持ち主ですし、やっぱりアンテナの感度が違うのですよ。パッと「いける」と判断できるのです。

――じゃあ、リンガーハットの米濵さんが、吉野家の郊外化の道を開いてくれた。

まったくその通りです。あの事例がなければ、フリースタンディングモデルの郊外型はもっと先になっていたかも知れない。

もっとも得意とする領域に大きな落とし穴があった

――猛烈な出店が、結局挫折の道へとつながるわけですよね。

100店から200店までたった1年で行ったのですよ。

１００店を達成したのが、１９７７年７月でしたが、そのときに松田さんは翌年の８月に２００店と決めてしまうのです。それで「来年１９７８年８月に、２００店達成のパーティーをホテルオークラでやる」と、日にちまで決めて、２００店達成記念の会場を押さえてしまう。そこからは「来年８月２００店」がひとり歩きしはじめてしまった。

でも実際は、１００店を超えたところから、人、モノ、金、すべてに疲弊感が漂いはじめていたのです。

食材の価格はすべて需給で決まりますから、すべてが高値で仕入れなければならなくなります。吉野家が買うまえに商社からの買い占めが入って、相場がハネ上がってしまう。

何よりも大変だったのが、牛肉です。

――輸入牛肉はすべて、畜産振興事業団という農水省の下部組織がいったん買い上げて、それをいろいろな団体に振り分けるという形に変わったのでしたよね。

その「ワク」のないところは、直接、輸入買い付けができない。

使用量が爆発的に増えているうちがいちばん厳しかったけれども、外食業全体への打撃も大きかったのです。

松田さんがＪＦ（日本フードサービス協会）の力を高めて、「ワク」を増やすことに尽力したのも、そのためです。外食業全体の救済が目的だった。

――一方、牛肉の使用量を減らすために、いろいろの手を打ちます。フリーズドライ

の牛肉の使用比率を高めたのも、そのひとつだった。

最初は使用比率が10％だったのですが、私が急遽《きゅうきょ》帰国命令が出て、米国から戻ったとき（80年4月）、つまりその年の7月15日に倒産するのですが、その時には3割に達していました。品質は当然落ちます。と言うよりは、もはや吉野家の牛丼の味ではない。

——商品に命をかけた松田さんが、なぜそんな愚行に走ってしまったのだろう。

渥美先生がさかんにおっしゃっていたトレードオフ論に影響された面はあると思います。クオリティとコストのトレードオフです。コストを1割落として、クオリティが1～2％しか落ちないのであれば、それは有効なトレードオフになる。

その考えに、松田さんは足を取られた。

しかし、クオリティの1～2％のダウンなんで数値化できない。あくまでも味覚感応なのだから。10％以上落ちているかも知れない。そして実際はすさまじい品質ダウンが起こっていたのです。

——繰り返しますが、わが子のように育て上げた商品がそこまで毀損《きそん》していたのに、それを放置、いや推進した松田さんの気持ちが理解できません。

いちばん得意のところの隣にウィークポイントがある、ということです。すかいらーくは出店開発、マックは組織開発、うちは商品開発がコアだったと思うのですが、いちばん強いはずのところに、大きな落とし穴がありました。

松田さんの功罪の功の部分は大きいところですが、ここは明らかに負の部分ですね。

商標権を最大FCジーに取られたことが、最大の痛恨事

――無謀な出店計画がなければ、こんなことにはならなかった。

倒産は、1つの要因だけで起こるものではありません。膨張する観念をビジョンと言い換えてもいいのですが、リスクヘッジの要所を押さえたうえで、成長軌道を走らなければなりません。

ときには、立ち止まらなければならないこともあったのに、それができなくなりました。200店も1年で達成して、300店に向かうわけですが、出店計画だけが1人歩きしてしまって、もうブレーキが利かなくなってしまった。

直営1本ならば止められたかも知れませんが、FCが次々に物件を持ち込んできて、開店許可を求めてくる。

無類のお人好しである松田さんは、それにも「ノー」と言えなかった。消費量は激増していきますから、フリーズドライ肉の使用比率は、さらに高まる。そして、品質は下がる。

――まさに暴走列車だ。

「お人好し」ということも、松田さんの負の部分ですね。最大の負かも知れない。

――フリーズドライの牛肉を使ってもまだ足りない。そこで消費量を落とすために、値上げに踏み切った。

２００円から一気に３００円に上げた。

松田社長は、上げるときにはボーンと極端に上げるのですよ。ギリギリまで我慢して、どうにもならない瀬戸際で上げるから、10円20円じゃないんですよ。

客数は落ち、吉野家の台所事情は一気に悪化していく。新聞やマスコミが、「吉野家危うし」の報道を一斉にはじめることになる。

当時、私（神山）は、『月刊食堂』の編集長であったが、渥美俊一氏に緊急取材をしている。このインタビューは、同誌の80年９月号に掲載されているから、取材は7月であっただろう。まず、渥美氏は興味本位のマスコミの大々的な報道に批判の矢を放つ。

「まだ救える手があったかもしれない段階で報道するというのは、本来、有りうべからざることなのです。松田氏は名誉毀損で訴えればいいという気がするくらいなのよ。（中略）通常は不渡り手形が出て問題化するのがスジでしょ。でなきゃ、営業妨害と言われてもしかたがない」

「やっぱりマスコミがフードサービスを軽蔑しているのでしょうね。この成り上がり者め、ぐらいに思っている。小売業だったらもっと慎重に構えたところでしょうが。この侮蔑《ぶべつ》感が今回の倒産劇に関係してくるんです…」銀行の対応の悪さも、容赦なく指弾する。

「ぼくが見たところ、（吉野家は）前年対比で売り上げ2割は減ってないよ。（中略）銀行側は売り上げダウンをとらえて、大騒ぎしてしまった。（中略）（メインの）東海銀行は何の手も打てないままに手形の書き換えの拒否に踏みきっちゃったわけです。それでいっぺんに資金がショートしたところに、6億円もって最大手FCジーA社（原文は実名）が登場した」

単品主義が敗因だった、の批判が吉野家に浴びせられたが、

「単品だから、よくぞここまでもったとも言えるんです。一万トンの北海道米を買っていた実績ですよ。それだけの実績を持っていたから農水省も動いた。単品ゆえにアウトというのは、実に皮相な見方なのです」

6億円の融資のカタに吉野家の商標権がA社に譲渡されたことについては、

「それが最後まで禍根《かこん》を残してしまった。（中略）あまりに非常識、その非常識をチェックするスタッフが一人もいなかったというのは痛恨だね、ホントに。でも、ひとつだけうまくいく方法があったの」「A社が商標を返せばよかったのです。そのことのみ

が吉野家を救ぅ道だったし、東海銀行もそれをしなかった」東海銀行も、
「指導力を発揮すべき時に沈黙したまま、これで何もかもダメになった。」
インタビューをまとめた当時の記憶がありありと蘇ってくる。
この段階では、A社が別のプロットで生き残ろうとしていることには、さすがの渥美氏もまだ気がついていなかったようだ。
「吉野家は不動産投資はあまりしなかったけれど、人材育成にはバカ正直に金を使っていたからねぇ。最終的に企業を大きくできるのは「人」なんだ。ダイエーもそのへんが分かっているから動いたわけです」
と、吉野家の人材育成力を高く評価していた。

――ということは、倒産の直接のトリガーは。

最大のフランチャイジーであり、最大の債権者であるA社の動きです。明確に破産させる、という方針に沿って、動き出しました。

A社の社長は松田さんの戦友だった人です。生死をともにした男だ、ということで、松田さんは信用していた。

松田さんは、いったん信用した人は、信用し続ける。疑うということを知らない人です。

先ほど言ったように、そこが彼の最大の負の部分ですね。

だから金を借りる担保として、A社に吉野家の商標権まで差し出してしまったのです。

——それこそ、最大の愚挙だ。

そうです。商標権が手に入ったことで、A社は破産に向かって動き出したのかもしれません。その時点で債務はゼロ、無傷のまま、FCジーからロイヤルティと粗利は取れるわけですから。僕は、倒産する年の1980年の4月に、アメリカから呼び戻されて戻ってきたのですが、社内の雰囲気はガラリと一変していました。

——A社は社内に経営企画室を設けて、そこをいわば進駐軍の司令塔にしていたのですよね。

4月に帰ってきて、6月に組織の改編があって、僕ら松田シンパは全員店に飛ばされて、明らかに辞めろという人事です。

——松田さんは。

まったく接触できなくなっていました。いっさい経営にタッチさせてもらえなくなっていました。

——まだ倒産したわけでもなく、代表権者であるわけですよね。なんでそんなことになるのですか。

A社は外部のFC会社というだけでなく、吉野家と共同出資の形で別の会社を持っていた。組織はひとつでも、同じ会社に吉野家と別会社が同居しているような形だったのです。

だから入社しても、社員番号が奇数の人は吉野家、偶数の人はその別会社に属する、というタスキがけでした。平時はそれで何の問題もなかった。社員も別に気にも留めていなかった。でも、いよいよ瀬戸際になると、A社が一気に乗っ取りに動きはじめるわけです。

債権者であり商標権も持っているのですから、動き方はひとつ。

つまり、いったん破産させて、新生吉野家として再出発する、というシナリオです。

――しかし、結果的には、松田さんが発案した会社更生法の申請が受理されて、A社の野望はついえるわけですね。松田さんが、最後の一世一代の賭けに出たわけだ。

確かに松田さんの発案ですが、松田さんもどういうものか、その実体はよくわかっていなかった。

顧問弁護士も、どうせ無理ですから、それはやめておきましょう、と松田さんを説得していたぐらいでしたから。重厚長大の企業向けの法律だから、外食業に適用されるはずがない、という見方ですね。

われわれ松田派の社員も、肉体的にも精神的にも追いつめられて限界に達していて、もうひと思いに殺してくれ、という心境になっていましたからね。

――でも、申請したら通ってしまった。

破産か、会社更生法か、どうも担当裁判官も吉野家がどのドアを開けるか、興味を持って待っていたみたいですね。

新聞でも、1ヵ月前から、吉野家の経営不安を書き立てていましたしね。今思うと、あんな記事は損害賠償ものですけれども。

会社更生法のドアを開けたときに、担当裁判官は待っていました、という感じだったようです。

会社更生法という分野に外食は未経験だし、彼らとしてはトライアルしてみたい、という興味もあったのかも知れない。

――これが吉野家の将来にとってひとつのラッキーだった。続いて、保全管財人として、弁護士の増岡（章三）氏と今井（健夫）氏がたまたま要請された、というのもラッキーだった。

この2つが連続しなければ、今の吉野家は存在しないわけですからね。ラッキーなんてものではない。

お二人とも有能でもあるし、志も高いし、けんかも強い。最強の助っ人ですよ。

A社側もあらゆる手を尽くして破産に持ち込もうとするのですが、お2人はA社の打つ手のひとつひとつを粉砕していった。

更生法のほうが強いから。また、その解釈と運用は、管財人たる弁護人によりますから。

――安部さんは、そのとき、どういう立場だったのですか。

弁護士がうちのことなどわかるわけがないじゃないか、と思っていた。僕は吉野家イコール松田、松田イコール吉野家だったから、お二人のやることも、最初はお手並み拝見、と静観していた。

――ただ、残党と言ったら失礼ですが、安部さんのところに松田さんを慕《した》った人たちが集まっていた、ということは、ひとつありますね。

心はやめる気満々なんだけど、やめたがっている社員を引き止める立場でもあったわけです。これってキツいですよ。

その説得に使った言葉で相手がいちばん反応したものがキーワードになって、それを僕も共有してしまう。

そういうものはありましたね。

営業は続けるというし、店を放っておくわけにはいかない。弱ったなというのが、正直な気持でした。

――そういう安部さんが、増岡さん、今井さんに心を許すきっかけになった契機のようなことはあったのですか。

「再建」をやるということになったのですよ。

営業のリーダーのような立場に戻されたので、増岡先生、今井先生に相談を受けたのですが、そのときも、人が足りません、無理です。出来ません、の一点張りでした。なぜできないかの理由をひとつずつ、理路整然と解説していた。

それは全部、否定論の説明ばっかりで、そのときに「安部君、できるようにするには、何をどうしたらいいんだい」と問われたのですね。

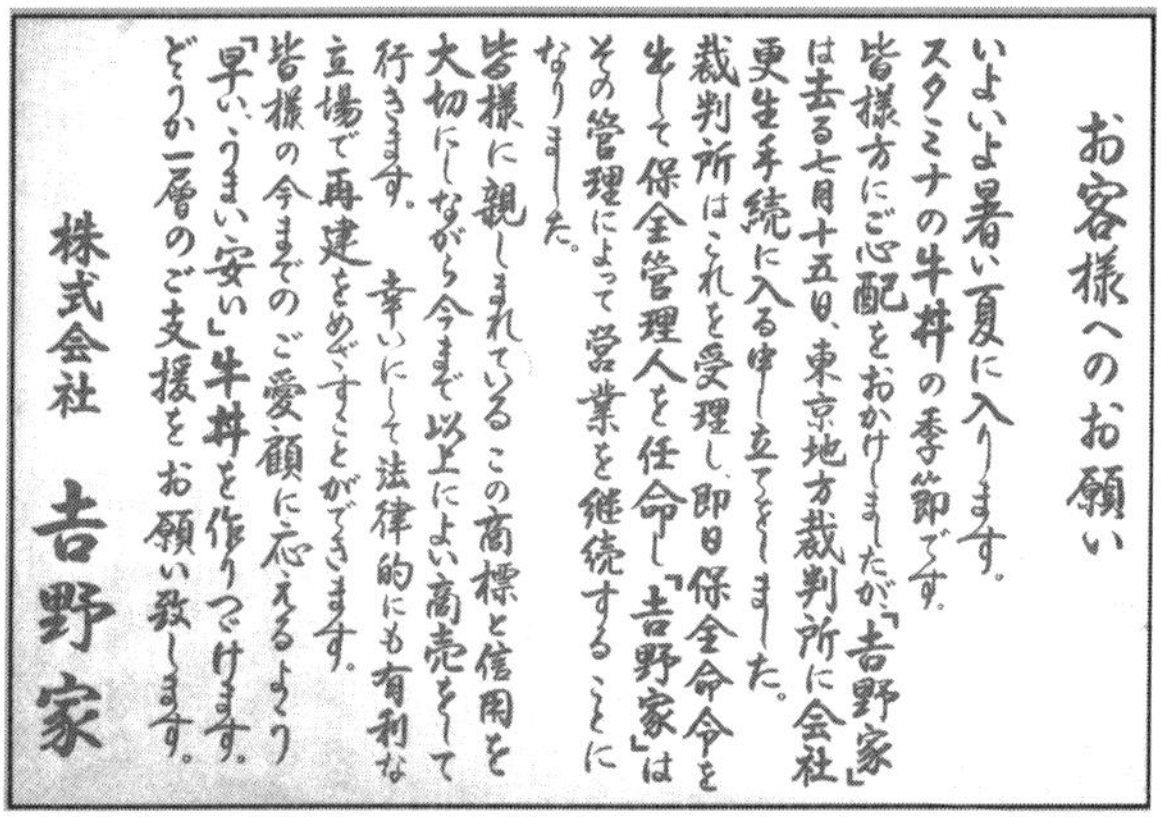
お客様へのお願い

いよいよ暑い夏に入ります。

スタミナの牛丼の季節です。

皆様方にご心配をおかけしましたが、「吉野家」は去る七月十五日、東京地方裁判所に会社更生手続に入る申し立てをしました。

裁判所はこれを受理し、即日保全命令を出して保全管理人を任命し「吉野家」はその管理によって営業を継続することになりました。

皆様に親しまれているこの商標と信用を大切にしながら今まで以上によい商売をして行きます。 幸いにして法律的にも有利な立場で再建をめざすことができます。

皆様の今までのご愛顧に応えるよう「早い、うまい、安い」牛丼を作りつづけます。

どうか一層のご支援をお願い致します。

株式会社 吉野家

1980年7月15日、会社更生適用申請を東京地方裁判所に行うが、その直後に全店に貼られたもの。そして8月6日から12日、再建セールを行い大成功を収める。吉野家人気衰えずで、その後の再建への起爆剤となった。


そのときはじめて、俺はできない理屈ばかり並べているな、嫌な奴になっているな、と思い知ったのです。

それまでは、そういう態度をいちばん忌《い》み嫌って、どうすればできるんだ、ということをしゃにむに追い求めてきたのに、まったく反対の態度を取っているな、とズシンと来た。

それですぐに前向きになってやる気が出てきたかと言うと、そんなことはなくて、しばらくは否定的な態度を取り続けていたのですが、今井先生が皆のために奔走《ほんそう》される姿を見て、だんだんと信頼感が形成されていった、という感じですね。

――このセールは大成功するので

すよね。

その後の起爆剤になります。

僕は目の前にやらなければならないことが出て来ると、それに全力を尽くすタイプなんですね。それをやっているうちに、前が開けてくる、風景が変わっていくんですね。

——西武の堤清二さんが事業管財人になりますよね。そのときは、どう受け止めていたのですか。増岡先生が東大時代の同級生だった堤さんに頼みに行くわけですよね。

僕は、そのときは自力再建できるという確信を持っていましたから、反対しました。事業系の親会社をつくる、というのが嫌だった。その支配下に置かれるわけですから。ですから、増岡先生と今井先生に、「お二人のうちどちらかが社長になっていただいて、われわれの手で再建させてください」と訴えたのです。

——それに対して、お二人は。

それは法律管財人としていちばんやってはいけないことなんだ、と諭されました。彼らの弁護士としての倫理感として、絶対にやらない。

その言葉に非常に感動したというか、ショックを受けました。

それから松田さんに相談に行ったのですが、

「資本は、常に安全で有利な方に流れる。どこが資本を持とうと、その資本は生きるためにベストのスキームを選択するのだから、選択されるような執行部隊、組織になっていることが大事なんだ」と言われました。

僕は松田さんにもう一度社長になっていただいて、自力再建を、などと考えていましたが、松田さんに一蹴されました。

そんな気持ちは松田さんは毛ほども持っていなかった。

これも、創業経営者としての倫理ですね。それは「やってはいけないこと」なんです。

ここでまた、僕は強いショックを受けたのです。

この間の動きと繰上げ弁済までの過程を、年表的にみると、次ページの表のようになる。

その後、非常にスムーズに１００％弁済まで進んだように見えるが、増岡氏と今井氏という保全管財人がいなければ成し遂げられなかったことだ。

最後に、この２人の保全管財人の生の声に耳を傾けてみることにしよう。

まずは、増岡弁護士の言葉、「ぼくらが飲食店経営者じゃなかったから成し遂げられた。知らなかったから、みんなの知恵を集めようとした。知っていたら、もっとワンマン的に動いて、必ず失敗したことでしょう」

「世間では倒産の原因について、牛丼が飽きられた、女子供を相手にしなかったからいけなかった、などいろいろと言われたけれどもみんな事実でないということがわかってきた。（そして）これだけ驚くべき回復をするというのは、それをいじくってだめにするのはやめよう、そのまま押していこう…（ということで）、倒産後の1号店、錦糸町店開店のときも、（いろいろ改革案がでましたが）全部もとのものに直させた、ということがあります」

吉野家会社更生への道のり

1980年4月1日	社内に経営企画室設置 （これが、A商事の司令塔の役割を果たす）
同年7月1日	経営危機表面化
同年7月15日	会社更生法適用申請
同年8月6日	再建セール実施（～8月12日）
同年11月6日	更生手続き開始決定
同年11月23日	ありがとうセール実施（～11月30日） 大成功を収める
1983年2月7日	更生計画案提出
同年3月31日	更生計画認可
1985年1月	経営5ヵ年計画発表
1987年2月28日	更生債権3ヵ月繰り上げ弁済
同年3月27日	東京地裁更生手続き完了決定

次に、今井弁護士の言葉。

「A社（原文は実名）との確執には相当エネルギー、精力を取られたんですけれども、ただそれが社員を結束するには一番好都合のかたき役を演じてくれましたね。（中略）「Aには負けられん」という意地みたいなものがみんなにもありましたね」

「会社更生法は悪法である、というようなイメージがある。債権者の犠牲の上に立って、更生会社だけは生きているんだ、というふうにですね」

「吉野家の100％弁済、それも非常に短期間の弁済ということは、本当に会社更生法が立法されたときはこう考えたのだろうな、と思うことが、吉野家においてされたということです」（「会社再建の記録」より）

右の年表にもある通り、87年2月28日、更生債権は3ヵ月繰り上げて、100％弁済されたのである。

商品力の吉野家が商品力の毀損でつまづいた。「もっとも得意とするところに落し穴がある」と語る安部会長の言葉は重い。

（2019年7月31日）

先人たちの言葉
―
12

宅配で先駆、多業態外食とで
ポートフォリオを確立。
日本人向けの味、安心にもこだわった
商品力がピザーラの推進力です

フォーシーズ会長
兼CEO
淺野 秀則

1953年生まれ。学生時代から旅行代理店などを手掛け学生起業家の先駆け。1987年に、夫人でビジネスパートナーの現フォーシーズ社長、淺野幸子氏とともにデリバリーピザ店、ピザーラを開発し、その第1号店を目白に出店。以後、ピザーラを日本一のデリバリーピザチェーンに育て上げる。一方、外食分野では、ピザ&パスタ「トゥ ザ ハーブス」、グルメバーガー「クアアイナ」や恵比寿ガーデンプレイスの「ジョエル・ロブション」など多業態を展開する。

繁盛はラーメンの材料を惜しまなかったから。オリジナルの味で勝負できる飲食がいい

——浅野さん、火事で大やけどを負いましたね。瀕死《ひんし》の状態から生還された。

「覚悟しておいてほしい」と病院に言われたと、後で家族から聞きました。入院は半年くらい。包帯でぐるぐる巻き。自宅療養になっても、ずっと横になって過ごしていました。

——いつ頃ですか。

25歳のとき、1978年（昭和53年）です。

——学生時代から、旅行代理店をやっていましたね。

ええ、学生向けのね。だから、夏休みや冬休みには忙しいけれど、それ以外はオフシーズンで暇なんです。通年で安定的な商売を、とたまたまあった20坪くらいの空き物件で喫茶店をはじめました。もちろん調理は素人だったけれど、サンドイッチやホットドッグ、カレーやパスタなど、自分の好きな簡単なメニューでの営業です。「クラブハウス」という名前。学生が集まれるような場所をつくろうという気持ちもありました。

でも、その店で火事を出してしまった。開店が10月15日で、10日目の25日でした。

——火を消そうとして負傷された。

唐揚げを揚げていた片手鍋の油に火が回りました。安普請《やすぶしん》で燃えやすいし、カーテンもあって、一気に燃え上がりました。瞬間的に「あっ、火災保険をかけ忘れた」と思って、火の中に飛び込んだのです。油の鍋を外に捨てようとしたところ、油面がユラリと揺れて一瞬にして火達磨《だるま》です。外に出て身体の火《ひ》を消し、裸でまた店内に戻って、幸い火事は消し止めたのですが、全身大やけどです。その後、気がついたら東京女子医大病院のベッドの上でした。

九死に一生を得たけれど、その療養生活は苛烈《かれつ》を極めた。「淺野さん、どんなに大声を出してもいいのですよ」。週に1回、軟膏を塗り替える。タダレた肌と一体化したガーゼをはがすだけでも痛い。そのうえ敗血症を避けるために、43度のお湯で、やけどの傷口を金タワシで、こすり洗う。脳天を貫くようなその劇痛は、まだ淺野氏の記憶に生々しい。1953年生まれ、慶應義塾幼稚舎から慶應志木高校へと進み、順風満帆《まんぱん》、前途洋々の少年期を送る。転機は、高校2年。紙器メーカーの跡継ぎと言われて育った3代目になる道が、父親が脳溢血で倒れ、突然、断たれたのだ。その後、慶應大学に進学。学生起業家として、今につながる商才の片鱗を表し始める。

――大やけどの後、旅行代理店やクラブハウスはどうなさったのですか。

どちらもしばらくは続けていました。でも僕が活動できなくなり、売り上げは激減です。クラブハウスは1日1万5000円、年間500万円の赤字です。その後も、母親がはじめた烏龍茶の販売を手伝いましたが、こちらも大損です。

――ビデオ屋もやりましたね。

ええ、でも、その前に、ラーメン店をやっています。大やけどの後にいろいろな商売をやったけれど、最終的に目白にあった土地も家も売る、母親が病気で倒れるで、食べられなくなりました。食べるには何かをやらなければならない。それでラーメン店をやったのです、クラブハウスの場所で。食い物屋ですので、食べることはできます。

ラーメンと餃子、チャーハンなどを出していました。でも一番おいしかったのは賄いで自分で食べていた丼。ごはんに煮卵、メンマ、もやし、チャーシュー、それに餃子3個を載せて、特製の辛いタレをかけて、ノリをふる。〝爆弾〟と名前付けていたけれど、あれを商品として売っていればよかったなあ、とつくづく今、思います。

――それでラーメン店はどうだったのですか。

日商7万円くらい売りました。新目白通りの飯田橋から練馬までの左側に2軒くらいしか、ラーメン店のない時代です。無店状態ですし、原価をかけました。だから売れました。でも、失敗は、カウンターが高すぎて、客席が見えないこと。商品を出すことはできても、下げは厨房から外に出ないといけないので、長靴で客席に入り不衛生で非効率ですし、伝票の付け忘れなどしょっちゅう。今考えると、いい加減な営業でしたけれど、何とかやれていたんですね。

――なぜラーメン店で多店化をしようとしなかったのでしょうか。

実は1軒だけやったのです。やりたいという人がいて、やってもらったのですが、結局うまくいきませんでした。振り返ると、それが僕のFCの最初の店、原点でしたね。

――店名は。

「ラーメンショップ」です。

――FCの店の商品は、淺野さんの店とは、全然違う品質のものが出ていたのですね。

仕入れ自由ですし、レシピとか本部機能もとくにありません。その店はガラをケチって、いいラーメンを出せなかったのです。うちの店はとにかくガラの量がすごかった。豚骨と鶏ガラと野菜たっぷり、昆布も入れてと、材料は惜しみませんでした。それが、人気の秘密でした。でもお昼の12時と夜中に食べると味が違う。一番おいしいのは午後2時くらいと、ノウハウはまったくありませんでした。ガラを捨てるだけでも大変、ぬるぬるのキッチンで毎日スープをとって、朝から晩まで張り付いていました。

――目指すものとは、違う。

父親の会社が30億円の規模でしたので、当時の目標は明快。親父の会社を超える会社をつくろう。このままラーメン店をやっていてはダメだと思って、そこを居抜きで月35万円で貸して、手を放しました。

――それからいろいろな商売をなさる。

健康食品の販売や、宝石の販売などをやりました。弟が宝石会社に勤めていて、その鞄を借りて全国を販売して歩くわけです。
そんな生活を数年しているうちに、母親の病状が悪化して、僕自身営業に出られなくなったときに、月々定期的にお金を生んでくれたのが、このラーメン店でした。母親は余命3ヵ月の3期の乳がんと宣告されてから5年で亡くなりました。

——その後にはじめたビデオ屋が当たったのですね。

今、そば店の吉祥庵になっている目白の場所です。その店は14坪くらいで、2号店の牛込北町が6坪くらい。こちらは小さすぎて儲からない。競合の店が近くに出るというので、3号店の立地を探して、社長（幸子夫人）と2人で目白から車で常磐線沿いに走っていったんです。
国道6号線をどんどん北に上がったけれど、どこにでもビデオ屋はある。日立を過ぎた小さな駅前にまでもあった。そこまで行って、これはやばいぞ、過当競争だ、と感じました。それにビデオ屋は規模が大きいほうが強い。もう先はない。いろんな失敗の経験からくる勘で、ビデオ屋はもう止めようと決めました。

淺野夫妻は学生時代から、私生活に加え、ビジネスパートナーとしての信頼の絆は深い。これは現在も変わらない。営業は会長、商品は社長、それぞれの強さが同社の底力のコアだ。

目指したのは「ジャパンスタンダード」のピザ。子供が毎日食べても安心なもの

フォーシーズ会長兼CEO／浅野秀則

――ビデオ屋の後もやはり飲食を考えていたのですね。

ビデオ屋は品揃えの勝負となりますが、飲食は嗜好品です。ビデオ屋のように看板の大きさで勝敗が決まるわけではなく、小資本でも勝負ができます。ラーメンでも、札幌ラーメンのみそ、九州のとんこつ、東京の醤油と、それぞれの人が好きな味があるように、うちの味、が出せるような飲食の業態はないだろうかと、ずっと考えていました。

飲食店がいいと考えた理由は、先ほど話したように、本当に窮乏したときでも貸しているラーメン店から月に35万円が入っていました。こんな店を10店、社長と二人で死ぬほど働けば一生のうちに持てるかもしれない。1店で30万円儲かる飲食店はないかと、ずっと探していたのです。

ちょうどそんなときに、スピルバーグの映画、『E．T.』の冒頭のシーンに浅野氏は衝撃を受ける。普通の車で制服も着ないでピザを運んでいる。その映像に、学生時代、ハワイツアーをやっている頃によく食べたピザの味を思い出したのだ。デリバリーピ

ザは、まだ日本にない。しかも店売りではないので、場所が悪くても成り立つ商売だ。金がなくても勝負できる。この閃《ひらめ》きが、ピザーラ誕生の瞬間である。

1982年公開の『E．T．』は、観客動員数1069万人。こんなに多くの人がこの映画に感動し涙したが、起業のヒントにして大成させたのは淺野氏ただ一人だった。

ちなみに、ピザーラの店名も、映画からだ。名前を考えあぐねていたとき、『ゴジラ』のポスターが目に飛び込んできた。それが、ゴジラ＋ピザ＝ピザラ⬇ピザーラを生み出した。

ドミノ・ピザに１年半遅れる1987年4月にピザーラ１号店は目白にオープン。1号店とは思えないほど、現在につながるブランド訴求が表現されている。

――『E．T．』に出会ったときに、もうドミノ・ピザは出ていましたか。

いや、宅配ピザの発想を得たのはドミノさんが出る前で、独自に研究を進めていたのです。当時のうちの事務所が、ちょうど恵比寿のドミノ1号店の配達エリアの端っこで、チラシが入りました。これはラッキーでした。

――それでドミノのFCの加盟を申し込んだ。

電話に出たのはアーネスト・比嘉さんだった思うけど、

うちは直営だけでFCはやっていない、と断られました。そうこうしているうちにピザ・カリフォルニアなど先行チェーンがどんどん出始めました。

――そんな中でピザーラが突出したチェーンに成長できたのはなぜだとお考えでしょう。

当時は皆、ドミノさんの味を真似していました。ドミノさんのようなピザを出そうと、スパイスなどを工夫していたわけです。でもわれわれは違う土俵でやっていこうと、考えていました。

――マヨネーズ味など和風の味は、最初からなんですね。

そうです。社長が日本人のための味、そして女性向けのピザつくろう、と言い出して、それがピザーラのコンセプトになりました。ピザーラのロゴに書いてある「ジャパンスタンダード」のピザです。

――商品開発は社長がなさった。

そうです、社長が全部つくりました。料理研究家の松本忠子《あつこ》先生の「うちではトーストにツナとマヨネーズをのせるわよ」といったアドバイスなどもいただきながら、カレーソースやマヨネーズ味の日本人向けのピザですね。

それと子供に毎日食べさせても安心なピザをつくることを、当時から一番大事にしました。

――独自で研究して、ピザーラの商品と仕組みをつくりあげたのですね。

問題だらけでしたけど、社長の執念だったでしょうね、絶対にやり遂げるという。2人で1号店の前から、1日15時間ずつ計30時間働いていましたので、これだけやってダメなら諦めもつくよね、と強がりながらやっていました。

ドゥづくりもうまくいかない。フランス大使館にパンを納めているのはどこかを探して、軽井沢の浅野屋さんに巡り合えたのも幸運でした。

——最初から軌道にのりましたか。

とんでもない。開ける直前にアルバイトのほとんどが辞めたり、最初から大混乱です。その後に開けたのはいいけれど今度は、1日8枚とか10枚とかで、ほとんど注文がありません。配達エリアが狭すぎるから売れないんだろうと、店は目白の千登世橋なのに、西は豊島園、北は大塚の先、東は後楽園、そして南は新宿の歌舞伎町の先まで広げました。

——エリアを広げて、注文は増えましたか。

増えたけど、全然こなせない。配達に行ったっきり帰ってこないので、今度はクレームの山です。その対応に追われました。

あと、少し怖い方と事故を起こしてしまって、お詫びに事務所にいったら正座させられて、3時間帰してもらえない。思い起こしても、数えきれないほどのアクシデントの連続でした。

——デリバリーは事故の問題がありますね。

そう。事故対策はデリバリービジネスにとって、最も重要な課題です。ですから、全日本デリバリー安全協議会をつくって、配達員の安全運転に対する心構えや運転技術の習得に向けた様々な活動をしています。でも、初期には、この事故のリスクこそが、最大の参入障壁になりました。

大手は当分宅配ピザに手は出さないだろう。その猶予期間に、われわれ小さい資本が先行できる、と考えたのです。

30店までは個性で引っ張れる。100店からは組織の力

――FC展開が初期から進んでいきますね。

ええ、最初はまずやってみようと、当時の常務が兼務で三軒茶屋店のオーナーになりました。これがFCの第1号店です。2号店めと3号店めは、社長の叔父さんが板橋区と文京区に出してくれて、この文京店がブレークしました。それから勢いがついた。うちの納入業者が生地やチーズの扱い量が増えるので、FCに加盟したいと言ってくれたり、私の弟もやりはじめた。初期には、このように身内から広がっていったというのが実態です。

――文京店で火が付いた理由は。

茗荷谷だったのです。立地もよかったのでしょう。

――直営店も出していった。

中野区の野方、江東区の清澄に出し、この清澄店で、初めて月商１０００万円を突破しました。それから、拡大路線をとって、神奈川県の日吉などへ広げていきました。その頃は３６５日働いていた、そんな感じでしたよ。

――お話しを伺うと自然と店が増えていったようですが、多店化の引き金はなんだったのでしょうか。

最初の年で10店になりました。はじめた当初の目標は10年で10店でした。それが達成できて、１９９１年に入って、50店くらいでＴＶＣＭを打ちました。50店から１００店くらいまでは、このＣＭの勢いですね。

――ＴＶＣＭをいち早く導入したのは、確かにピザーラでしたね。

社長の実家が、マンションの販売で、１軒めからＣＭをやったのです。そうすると皆の認識が変化していきます。企業が大きい、信用力が高い、と。結果、銀行の融資も受けやすくなり、従業員も集まりやすくなるし、お客さまも安心する。最初、僕は反対したのです。なんで空気にお金を払わなければならないんだ、と。

――ＣＭをやる金もない企業規模なのに奥さまに押し切られて、ＣＭをやってしまった。そしたら予想以上の効果が表れた。

そう、完全に社長の言う通りでした。それで年間100店くらい出しました。

――生涯10店の目標が、年間100店の出店。会社も大きく変わったでしょうね。

よく成長の段階は30店、100店、300店と言われますが、その通りだと思います。30店までは勢いで行けるし、いちばん楽しい。個性で引っ張っていけますし、全店長のことを僕自身が知っていました。

――でも100店だと、そうはいかない。

出店が増えると、サービス面でも追いつかないことも増えました。FCの審査もより厳しくしていきましたよ。

最近のピザーラはデリバリーに加えてテイクアウトにも力を入れている。それにともない新立地を開拓し、新型の店づくりを進め、新規需要を開発している。

組織が変わってきたのはおっしゃる通り100店くらいから。それまでは、今なら大問題ですが「死ぬのは今だ」なんて気心の知れたプロパー社員に気合を入れてやっていましたが、他から人を採用し始めるとそうはいきません。会社の環境自体が変わってきます。組織で動く。規則を整えることが自ずと求められます。企業観が変わりますし、変えてきました。

300店を超えたときには、人事本部などの管理系がより大事になってきて、僕なんか営業の最たるものなので、なんとなく疎外されてきたりして（笑）。

――ドミノやピザハットも店数を伸ばし、中小も乱立しました。競争状況をどのように感じていましたか。

出店のアクセルを踏んでいたときにはあまり感じませんでした。ＣＭはやっていましたが、マーケティングというより商品力を一番に考えてきました。他チェーンよりも、いつもおいしいものを提供しようという価値観でやってきました。

――デリバリーのピザは決して安くはない。その価格はどのようにして決めたのですか。

最初はドミノさんが２３００円というひとつのスタンダードをつくってくれました。最近はそれが崩れてきていますが、安売りで価値を毀損《きそん》することなく、制約された価格の中でいかにおいしい商品を提供できるかが勝負だと思っています。

――急に店数が拡張すると、目に見えない問題も噴出するものです。壁にぶつかるというようなことは感じませんでしたか。

ありました、たしか２０００年。それまではやりたい放題でしたけど、これからは筋肉質の組織にしていこう、と発想を変えました。出店をセーブして、店数を追うのではなく、教育にも力を入れて経営体質を強化することに重点を置くようにしました。

多業態の外食チェーンを持ち、相互のシナジーを生み出す

――宅配の業態から、外食の営業にも力を入れ始めていきます。多業態化は、デリバリー事業が頭打ちになるというお考えからでしょうか。

いや、もっと安定的な企業体質にするには、外食と中食両方を持ったほうがいいからです。ピザーラは在宅率の高い日、たとえば雨であったり、この前のラグビーワールドカップの放映があったりすると強い。でも晴れると、雨の日に比べるとやや弱い。適切な業態マトリックスを社内に持とうという戦略です。

外食の最初はカレーを考えていたのですよ。

――でもトゥ ザ ハーブズが外食の最初ですね。

カレー店をベンチマークして研究していたときに、神山さんが「ピザで成功したのだから、やっぱり粉でしょう。同じ粉もののパスタもやったら」と言ったんです。そうか、そうだなと開発したのがピザ&パスタの店ですよ。

フォーシーズの2019年度の店舗総売上高は、670億円。宅配事業のピザーラ

日本のフレンチの最高峰とされる恵比寿ガーデンプレイスのジョエル・ロブション。その他、フォーシーズは和洋のハイエンド業態を複数展開する。

581店の他、柿家鮨、ビバパエリアなど宅配を主力としながらも、1995年の「トゥザハーブズ」を皮切りに、外食店の店舗展開にも乗り出し、291店、260億円以上の売り上げにまで成長してきた。主な外食チェーンは、ピザ&パスタのトゥザハーブズ15店、グルメバーガーのクア・アイナ38店（海外含む）、串かつでんがな86店、大かまど飯寅福19店をはじめ、和洋中の多業態に及んでいる。

さらに、ミシュランの三ツ星に輝く恵比寿の「ジョエル・ロブション」をはじめ和洋の高級業態までも運営する。特別なハレ需要から日常性に依拠する需要まで、重層的な食シーンに応える総合外食企業として、フォーシーズは成長してきているのである。

――宅配ビジネスだけにしなかったのは、リスクヘッジという気持ちもあったでしょうね。それに、業態ごとに影響し合いながらシナジーを高めていけるメリットもありそうです。

大いにあります。例えばロブションのシャトーを２０１８年12月から２０１９年２月まで２ヵ月間、施設側のリニューアル工事のために休んだのです。この店には、社員だけで１００人以上がいます。この休業期間に、他の27業態に振り分けて入ってもらいました。

――それぞれの業態で育《はぐく》んできたカルチャーが違いますね。

だから相乗効果が出るんです。うちのフォーシーズという会社は、こんなこともやっているのかと、お互いに理解を深めてもらえ、刺激し合えたと思います。

たとえば国技館の「お食事・蕎麦処 雷電」では、ロブションの人は相撲と和食に新鮮な驚きを感じますし、雷電の人にとっては、ロブションから来た人のサービスの立ち居振る舞いに学びを覚えたりします。業態間の位相の違いが、新鮮な相互の交流となっています。

――フォーシーズは、ミシュランガイドの星を全部で今は7つですか、とっています。外食では高級業態に力を入れているようにもみえますが……。

いや、ロブションのような特別な利用動機の店もありますが、こだわっているのは〝究極の日常〟です。毎日普通の生活で食べられるもの、それを提供するために何ができるのかをいつも社長は考えています。休みの日なども自社の店を二人で回りますので、いつも役員会議をやっているようなものです。店を見ながら改善点や新しいアイデアなどの意見交換を毎日やっています。その積み重ねです。僕が「今、これが流行っているからどう」などと提案しても、日常性に依拠していないものは、社長に即、却下されますね。

――デリバリーピザの最近の動きですが、ドミノ・ピザが世界戦略の中で立地を移してテイクアウトも取ろうという攻勢をかけています。アメリカでもその戦略でドミノは伸びています。どのような影響がありますか。

確かにピザーラが独占してきたエリアや地方に出されると、影響はありました。でも、まもなく元に戻ります。中小のチェーンがダメージを受けているのかもしれません。

――価格の攻勢もすさまじい。

確かに、すごいなあ、と思うこともありますが、僕らの、いかにおいしい商品を提供するかを考えていく、という姿勢は変わりません。

――ピザーラもテイクアウトを取りに行っていますね。

都心部などでのコンビニが閉店したりして、いい物件が出やすくなっています。駐車場を持てる場所への移動はうちでもやっていきます。テイクアウトが40%くらいになって、売り上げも伸びますね。

――ウーバーイーツなど宅配ビジネスが活発化して、デリバリーイコールピザではなくて、何でも持ってきてもらえるようになり、競争が激しさを増してきました。ピザーラの宅配がこうした動きのなかに埋もれてしまう恐れはありませんか。

うちの柿家鮨では、ウーバーも出前館も使っています。

ウーバーが新しく始まったエリア、たとえば名古屋地区や大阪地区でピザーラに影響があるかといえば、そんな数字は表れていません。

――デリバリーというのではなくピザーラのピザ、なのですね。

3・11のときやリーマンショック後で消費が冷え込むときでも、ピザーラは85％が固定のお客さまに支えられていますので、新商品を出すと、瞬時にそれに反応していただけた。そういうコアのお客さまがいらっしゃるのが、うちの強みだと思います。

――柿家鮨は、自前配達と委託では価格が違ってきますか。

出前館は同じ価格です。ウーバーはウーバー用の特別の商品をつくっていますので、価格も違います。

ウーバーの優れている点がひとつあります。それは、海外のお客さまが日本に来て、すぐにウーバーを使えることです。

――グローバルスタンダードで言語の壁も軽く乗り越えている。

そこはすごい。2020年予定のオリンピックのときにも、威力を発揮するだろうと期待できます。

――今後のフォーシーズの展開において、ピザーラよりも他の外食事業のほうが多くなっていきますか。

ピザーラの出店できる場所がだんだん限られてきています。さらに出店を進めていくとすれば、消費がそれほど強くない地方にならざるを得ません。そうすると利益で考えるとうま味は少なくなってきます。

今、考えていることは、まるっきり違う発想の、ピザバスです。

――それは何ですか。

ピザの移動販売車です。

――売れる場所に出向いていく。

ええ、現在23台あります。通常は、いろんな催しものが開かれる会場など、花見や紅葉のときなどもそうですが、人の集まる場所に配車して、営業をしています。直営のキャラバン部隊です。これから100台くらいにして、各県に3台くらいずつを配置していこうと考えています。

そして、あっては欲しくないのですが、今回の台風被害など災害時には被災地救援に向かう。2019年9月の台風15号では、千葉県の君津と館山、10月の19号では宮城県の丸森町に派遣しました。

皆が率先して、行きたい、と手を上げてくれます。

――市場が大きく変わっています。浅野さんはどのように見ていますか。

高齢化は間違いありません。そして今の高齢者は、以前と違って、ピザをよく食べます。

――若い人は。

ことに30歳以下の人の消費行動が違っています。ネット中心でTVを見ません。ネットフリックスでドラマの「テラスハウス」なんかを見ています。皆が知らなくても細分化されたピンの消費で大ヒットをしているものもあります。知っている人は知っていても、知らない人はまったく知らない。そういう市場になっています。

――出不精にもなっているように思います。デリバリーの市場は拡大してきます。

そう思います。ことに都心部においてはそうでしょう。ウーバーに代わって、配送料を取らない新たなイノベーションが生まれる予感もあります。異業種から異次元の発想のものが参入してきて、レストランビジネスが大きく変わっていくかもしれませんね。

（２０１９年11月30日）

先人たちの言葉
―
13

僕が不在の6年間で社員
一人ひとりが大きく成長した。
これはワタミにとって
大きな財産になる

ワタミ会長
兼グループCEO

渡邉 美樹

1959年生まれ。1984年に「つぼ八」で創業。個人経営の多い居酒屋領域の近代化に努め、2000年に東証一部に上場を果たす。作家高杉良の『青年経営者』のモデルとしてもつとに有名。2013年から参議院議員、2019年10月、ワタミ代表取締役会長兼グループCEOとして経営の最前線に復帰。居酒屋領域から農業の6次産業化へ、さらに海外への積極的な進出など新たな挑戦に乗り出した。

有機農業や環境問題ともう一度向かい合いたい

――参議院議員の任期満了を機に、ワタミの取締役に復帰されますが、そのあたりの心境からお伺いしたいのですが。

やっぱり自分は、現場というか、働く仲間の一人ひとりと小さな現実を積み重ねていくことが向いていたんだと気付かされました。

――得たことはなんですか。

我慢ですかね（苦笑）。議員になる前は、自分で会社をつくり、好きなように経営できたから決断も早く、思っている通りにできましたが、政界はそうはいかない。根回しなども必要だし、結局は多数決の原理ですから、思うようにいかない、というジレンマはありました。

――政界を退く決断を下されたのは。

政界入りしたときから気づいていたのですが、とにかく自分の力ではどうにもならない。議員を変えればそれができるのかもしれませんが、議員が変わるためには、まず目の前にいる国民が変わっていかなければならない。

僕が議員としていちばんやりたかったことは、自分たちの損得ではなく、未来の子どもたちの得になること。でも、原発をゼロにするために、電気料金を上げて、自然エネルギーにしようよと言っても、今は国民の多くは納得しない。僕が国会で力を入れたのは財政再建ですが、毎日６００億７００億と借金を重ねている国がもつわけないし、年金だってそうですよ。

それを国民にきちんと伝え、我慢してくださいと。未来の子供たちのために新しい仕組みをつくろうよと、正論を言い続けました。でも、自民党内はもちろん、野党にも相手にされなかった。なぜかと言うと、それを認めてしまうと選挙民の反発を招き、選挙に落ちるからです。

じゃあ、そういう議員たちと戦えばいいのかと言うと、国民の中にはまだ平気だろうとか、自分たちは大丈夫だと考えている方が多く、彼らの支持を失うことが怖い議員がほとんどなんです。もちろん、国民や社会のことも考えているけれど、それは二の次で、議員の優先順位の第一位は、政治家であり続けることですから。

——まず向かい合うべきは国民だったと。

そう簡単なことではありませんが。未来の子どもたちのために有機農業や環境問題ともう一度向かい合ったり、小さな現実ときっかけをつくっていくことが、今の自分の仕事なのかなと考えたのです。

2001年から有機農業に取り組んできたが、陸前高田市（岩手県）の「ワタミオーガニックランド」で循環型６次産業のモデルづくりを計画している。

渡邉氏は、２００９年ワタミ社長を退任し、会長に就任。２０１１年4月の東京都知事選挙に無所属で出馬したが落選。そして２０１３年7月の第23回参議院議員通常選挙に比例区の自由民主党公認候補として立候補した。約10万４０００票を獲得し当選したが、２０１９年2月には夏の参院選への不出馬を表明し、政界を引退した。

厳しい2年間があったから社員も会社も成長しました

――渡邉さんは、経営者として脂がのりきった時期にワタミグループの経営から離れ、政界入りされた。われわれから見ると違和感があった。いちばん大事なときに経営から離れたことに、後悔はありませんでしたか。

経営から離れた6年間に、ワタミは大きな赤字に陥りました。それでも僕がよかったと思うのは、企業はステージを変えていかなければならないと考えているから。外食のほとんどは、創業者がワンマンで引っ張っていきます。成長期にはそれが必要だし、それがなければある程度の規模になることもできないと思います。でもワンマンが続くと、次の人材が育たないなどの弊害も生まれます。組織として考えれば、自分がいてもワンマンから脱することが理想だけど、実際にはそれが難しいわけです。

――確かに、カリスマとしてトップが君臨し続けたら、自分たちで判断しなければならないとわかっている部下も、ついお伺いを立てたくなりますね。

でも、今回は僕がいなくなったことで、社員が自分たちで考えるようになった。僕が会長だった頃、コンサルティング会社のチェックを受けたのですが、会社の中の決定事項の97％を僕が決めていた。すでに1000億円を超える年商規模になっている状態でですよ。僕が不在の6年間で、大赤字が2年続いたことも含めた結果として、社員一人ひとりが会社のことを自分のこととして考え、行動できるようになったし、文化も変えることになった。これはワタミにとって大きな財産になると思うのですよ。

――単純に渡邉さんが離れるだけでは難しかった。

はい、あの2年間があったから、彼らは自立し、成長することができたのだと思います。6年前と現在では、同じ社名だけど、まったく組織は変わっている。成長し、進化を遂げたワタミになったと認識しています。

――既存のフィールドだけなら、人材の成長だけでカバーできるのかもしれませんが、たとえばM＆Aするとか、新しい事業に着手するなど、未来を見据えた戦略は渡邉さんしかできないと思います。その意味ではチャンスロスもあったので

はないですか。

確かにそうですが、まだ間に合うチャンスロスだと思っています。参議院任期満了後、役員に戻ったら、8〜9月にかけて国内はもちろん、海外も含めて店舗・工場などの現場を訪ね、成長を遂げた社員との対話の中から、どういう立場になれるのかを決めていきたいと思っています。

ご指摘のように、人材としては成長したけれど、10年後、20年後のビジョンや戦略は描けてなかったかもしれません。でも、原価率が高かったものを仕入れの工夫などで圧縮し、ここ数年黒字基調に回復させたのは彼ら社員。ですから、現場のことは彼らの力を尊重しつつ、それを基に戦略をもう一度組み立て、まったく新しい成長曲線を描いていきたい。10月以降は、少し成長させてもらった僕と、大きく成長した彼らともう一度タッグを組んで、新しいワタミをつくり上げていきたいと思っているのです。

２０１４年３月期は約49億円、15年３月期は約１２８億円の最終赤字を計上した。15年12月には収益の柱のひとつだった介護事業をＳＯＭＰＯホールディングスに売却。また、２０１６年３月にはメガソーラー事業を札幌市のＣＳＳに売却している。こうした事業売却で財務体質を改善したことが、その後のＶ字回復を可能にしたのではなかろうか。ちなみに、14年３月期に１６３１億円あった売上高は、２０１９年３月期には947億円にまで縮小しているが、外食事業の業績改善などの成果で、約13億円の黒字となった。

創ってばっかりで、つながっていなかったと反省しています

――有機農法にしろ教育問題、環境問題など、渡邉さんがなさってきたことはどれも大変意義深く、外食だけでなくあらゆる業界が力を合わせて取り組まなければ日本が立ち行かなくなるという話は理解できますが、ワタミの中ではいずれも十分には育っていないと思うのですが。

確かに、もう一度整理し直す必要はあると思っています。でも、外からワタミという会社を見ていちばん強く感じたのはポテンシャルの高さ。29年間やってきた本人が言うのも口はばったいのですが、国会で有機農法や環境問題・エネルギー問題などに対する他社の取り組み方を知るにつれ、ワタミという会社がやってきたことは圧倒的だなと。客観的に見るとそうなのですが、1次と2次に十分なつながりがないとか、1次・2次そして3次のつながりの中で最大

効果を発揮していない。もっと言えばエネルギーや環境問題などに取り組んでいる6次産業が世の中に十分伝わっていないということになります。

われわれのグループは、森を創っていたり、開発途上国の子供達を応援したり、日本中の方の夢を応援したりしているのですが、それらがちゃんとつながっていない。物事は、つながって初めて力を発揮するものですが、ワタミはそれができていなかった。創ってばっかりで、横につながっていなかったから、力を発揮できていなかったのです。

――では、これから有機的につなげていくと。

ここからが本番だと思っています。僕は29年間経営者だったけど、6年間は議員だった。これから、またこれから29年かけて集大成をつくり上げていきたい。29年でできるかどうかは、神のみぞ知ることですが…。まあ、僕が黙っていてもワタミは今の5倍、5000億円は売り上げる力を持っていますから。

――下世話な質問になりますが、渡邉さん不在の間に、コロワイドはM&Aで業容を拡大してきたし、ゼンショーも大きく成長した。悔しいと思ったことはありませんか。

それはまったくありませんね。問題はどの段階で悔しいと思うか。僕はここから29年が本当の勝負だと思っていますから、29年先にまったく新しいビジネスモデルと事業の集合体ができると思っていますから。

その軸となるのはSDGs《エスディジーズ》ですが、ワタミはSDGsをもっとも形にできる力があると思っています。企業は社会に対する影響力を持っていますが、いくら売り上げが大きくても影響力のない会社もあれば、小さくても大きな影響力を持つところもある。どれだけ多くの人々の幸せに関わることができるかということこそ、企業の価値だと僕は思っています。M&Aで多くの会社を持つことを否定するつもりはありませんが、今の段階では焦りを感じるということはありませんね。

最初の5年間は国内の事業に注力。新たなFC展開も構想しています

――世界展開についてもお聞きしたいのですが、たとえばトリドールは世界で10位以内の企業になるという戦略の下、海外を含めて思い切ったM&Aなどを進め、実績もあげていますが、これに対する焦りは。

世界戦略のスタートはうちも早かった。2000年には香港に出店し、大繁盛店をつくり上げました。でも、それをビジネスモデルとしてまとめて、横展開につなげていけなかったという反省はあります。僕自身の反省としても、香港が形になった次には介護に、介護が形になる

と今度は次にと、取り組む対象がどんどん変わっていってしまった。ですので、これからは海外もきちんと取り組んでいくつもりです。

――やるべきことが山盛りですが、どの部分に重点的をおき、どのような段取りで進めていきますか。

時代や、その年その年でやるべきことは変わっていきますが、最初の5年間は宅食とFCの展開など、国内の事業に力を注ぎます。もちろん、その間も海外にタネを蒔き続けますが、本格的に取り組むのは10年後からと考えています。

――FCを意識するようになったのは。

これも議員の経験から。僕は経産省の中小企業支援をずっとやってきましたが、国は中小企業の支援に莫大な金を注ぎ込んできたけれど、うまくいっているとは言えないと思います。補助金という形でお金を渡していたからです。本当はお金ではなく、ノウハウを渡していかなければならないのです。

僕自身つぼ八のFCからスタートしたことでここまで来ることができたわけですが、これからはシニアの方々もFCによりビジネスのコツをつかみ、自ら稼いでいただきたい。老後にかかる費用は夫婦で2000万円と言われ、社会保障も厳しくなる時代だからこそ、退職金など手元にある資金でFCをスタートさせ、事業を興《おこ》していただきたい。

そのためには、大きな店でなくとも、自分や家族で運営でき、確実に収益が出るFCパッケージが必要です。言ってみれば、失敗させないＦＣシステム、これは社会的にも意味のある事業だと思っています。

――対象は高齢者になるのですか。

いいえ、高齢の方でも若い方でも構わない。飲食店は失敗が多い事業ですので、どんな方でも、まずは失敗させないビジネスモデルをつくりたい。これで成功していただき、別の飲食店がやりたければ、その収益とノウハウを生かしていただきたいなと。そのために、これからワタミが力を入れていかなければならないのは仕入れの強化。飲食店を開業しようという人を助けるには仕入れしかありません。彼らを助けられるようになれば、ワタミそのものも強くなる。直営店も強くなるということです。

――社員独立のＦＣは別として、直営主義を取られてきた渡邉さんがＦＣに着手するというのは、時代の変化なのでしょうか。

数年前から「経営塾」という勉強会を開いているのですが、これも国が教えようとしないなら自分でやろうとはじめたことです。多くの中小企業経営者の方にご参加いただきましたし、相談も受けているのですが、とくに外食経営者の多くは、何も知らないまま店をはじめたという方が多い。おいしいカレーがつくれるからカレー屋をはじめた、というタイプが多いのです。そのような方々に経営ノウハウを提供したい、というのが私のＦＣ構想なのです。

外食は人と人とが触れ合うことで成長するビジネスです

――FCのドメインは。渡邉さんのお得意である居酒屋ということになるのでしょうか。

居酒屋というわけではないけれど、お酒は絡《から》めたいとは思っています。

――居酒屋のマーケットは高齢化にともない縮小していますが。

最近開いた「から揚げの天才」がひとつのモデルです。テリー伊藤さんと話し合いながらつくり上げた業態ですが、から揚げは鶏の仕入れ力で食材的に圧倒的優位に立てますし、単品商売で調理もシンプル。テイクアウトもできるし、昼はランチとして唐揚げ定食ができるし、夜はから揚げを食べながらハイボールや生ビールなどのお酒も楽しんでもらっています。また、数店舗の手打ちうどんチェーンを頼まれて買収したのですが、こちらもこれからお酒を強化していくつもりです。

――アルコール売り上げの割合は昔のような高さはないけれど、お酒を楽しめる世界は残していく、と。

そうですね。それは海外で学びました。香港の店舗のアルコール比率は2～3％でしたし、

テリー伊藤氏と共同開発しFC事業の柱に据える「から揚げの天才」。2018年11月に1号店をオープン。テイクアウト中心で脱居酒屋路線のコア業態となりそう。

台湾だって5％もいってない。それでも和民独特の世界をつくり出していましたから。「から揚げの天才」にしても全体で考えればアルコールの売り上げ比率は5％程度ですが、夜のお客さまはいい感じで飲んでいらっしゃいます。夜だけ見れば20％ぐらいはいってるでしょうね。

――外食業の産業化も50年の節目の年ですが、時代の変化をどのように感じますか。

僕らがはじめた頃は、男性は酒を飲むのが当たり前だったし、仕事帰りに5～6人で飲みに行っていた。居酒屋としてはいい時代でした。でも、今は飲まなくても普通だし、家飲みや個別飲みも当たり前になった。「和民」も繁華街の駅周辺は、すでに先行する居酒屋チェーンに押さえられていたから、住宅地からスタートしたのですが、今は居酒屋も住宅立地を狙うようになった。お酒を媒介とした楽しい場を提供すること、またそれを住宅地の近くに出店するというのはワタミの遺伝子ですから、ＦＣについてもこの2つを大事にしていきたいと思っています。

――外食は労働集約型産業で生産性が低い。なかなか改善しない問題ですが、この点についてはどうお考えですか。

言われているように、さまざまな産業でＩＴ化とＡＩ化が進み、人の手がかからなくなるのは確実。でも、外食は人と人とが触れ合うことで成り立っていますし、それで成長することもできる。社会的にも意義あることですから、これまで以上に人手をかけていきたい。外食のすばらしさを絶対に、大事にしていきたい、と思っています。

（２０１９年7月31日）

本書は、外食経営雑誌『フードビズ』100号、101号、102号の「耳を傾けよう！先人たちの言葉に」と、同誌97号、98号の「てんや創業者にとことんインタビュー」を再収録したものである。

※企業概要を極力最新のものにした以外は、各章末の刊行時の本文をそのまま掲載した。

※先人たちの肩書は、2020年6月時点のものである。

外食はやっぱり楽しい

先人たち13人の言葉

2020年8月20日 第1刷発行

編著者	『フードビズ』編集部
発行者	野本 信夫
発行所	株式会社エフビー
	〒102-0071　東京都千代田区富士見2-6-10-302
	電話 03-3262-3522　FAX 03-5226-0630
	e-mail　books@f-biz.com
	URL　https://f-biz.com/
	振替00150-0-574561
印刷・製本所	株式会社 暁印刷
ブックデザイン	安藤葉子（COMO）

©Food Biz Printed in Japan
ISBN　978-4-903458-17-5
乱丁・落丁の場合はお取替えいたします。